Eberhard Trumler
Ein Hund wird geboren

»In der Vergangenheit war eine Hündin, welche nicht gebären konnte, zum Tode verurteilt, und ebenso ihr Nachwuchs – eine harte, aber effektvolle Methode der natürlichen Selektion. Das heutige tierärztliche Können, die Vornahme von Kaiserschnitten, mag jedoch sehr wohl dazu beigetragen haben, daß Körperbautypen erzüchtet wurden, die einem normalen Geburtsverlauf entgegenstehen. Daher ruht sicherlich eine große Verantwortung auf den Schultern des tierärztlichen Berufsstandes, dafür Sorge zu tragen, daß Tierärzte und Züchter diese Zusammenhänge klar erkennen und das *Gebärvermögen* in den Rang eines der wichtigsten Selektionsmerkmale erheben.«

(M. J. Freak, 1975, zitiert nach W. Wegner, 1979)

Eberhard Trumler

Ein Hund wird geboren

Der Ratgeber für Hundefreunde und Züchter

Mit 24 farbigen und
93 schwarzweißen Abbildungen
des Autors

Kynos Verlag
Mürlenbach

Am Remelsbach 30
D-5537 Mürlenbach/Eifel
Telefon: 0 65 94 / 653
Telefax: 0 65 94 / 452

ISBN 3-924008-21-3

Titelfoto: Eberhard Trumler
Foto Rückseite: Dr. D. Fleig
2. Auflage: 1992

Druckerei Anders, Prüm, Tel. 06551/2564

Zum Geleit

Völlig zu Recht gilt Eberhard Trumler heute weltweit als einer der herausragenden Verhaltensforscher. Sein Tod im Jahre 1991 hat eine schmerzliche Lücke gerissen, hat unserem Verlag die Aufgabe gestellt, sein Vermächtnis an alle Hundefreunde zu pflegen.

„Ein Hund wird geboren" bietet Tierfreunden tiefen Einblick in das Wunder des Entstehens neuen Lebens. Man lasse sich nicht täuschen! Gerade daß der Forscher seine Beobachtungen an Wildhunden aufzeichnet, spiegelt echtes, unverfälschtes, hundliches Verhalten, dokumentiert normales, instinktsicheres Hundeleben.

Viel zu sehr haben sich viele Hundezüchter daran gewöhnt, daß Zeugung und Geburt durch menschliches Verhalten gesteuert werden - meist zum Schaden unserer Hunde. Viel zu häufig haben sich in Hunderassen Deckschwierigkeiten, Unfruchtbarkeit, Wehenschwäche und Kaiserschnittgeburten breitgemacht.

Eberhard Trumler, Forscher aus Leidenschaft, schildert in leicht verständlichen Worten und ausdruckstarken Fotos den Geburtsablauf, wie er für unsere Hunde natürlich - den Züchter beglückend - erfolgt, - erfolgen sollte!

„Ein Hund wird geboren" könnte vielen Hundefreunden die Erkenntnis vermitteln, in welchem Umfang die Zucht Verantwortung zuweist. Eine solche Fülle detaillierter, eigener Beobachtungen bietet kein anderes Buch. Ich habe sehr viel daraus gelernt, das Buch war für meine eigene Zucht und meine Forschungen eine große Hilfe.

Damit es auch vielen anderen Züchtern - und ihren Hunden - helfe, dafür heute die unveränderte Zweitauflage.

Mürlenbach, im März 1992 Dr. Dieter Fleig

P.S.: Die vom Autor erbetenen Geburtsprotokolle bitte direkt an den Verlag zu meinen Händen. Wir garantieren sorgfältige Auswertung.

Inhaltsübersicht

In eigener Sache

Es mag Bücher über bestimmte Themen geben, die vollkommen sind. Dieses Buch ist es mit Sicherheit nicht. Es soll nur ein Versuch sein, das Interesse aller Hundefreunde auf das wichtigste Thema zu lenken, das es im Bereich der Erhaltung unserer Hunde überhaupt gibt – nämlich die Geburt. Sie ist ein Teil des Fortpflanzungsgeschehens und damit der Hundezucht.
Für mich jedenfalls ist es bedeutungsvoller als das so im Vordergrund des Interesses stehende Richten und Prüfen auf Ausstellungen und Leistungswettbewerben. Die allergrößte Leistung, die ein Lebewesen bieten kann, ist, Nachkommen auszutragen und ohne Schwierigkeiten gesund auf die Welt zu bringen.
Das ist eine Leistung, vor der alles andere völlig unbedeutend wirkt. Leider ist gerade diese alles Leben erhaltende Leistung in den Zuchtreglements nicht anerkannt. Man ignoriert sie unbegreiflicherweise, obgleich sie die fundamentale Voraussetzung dafür ist, daß man einmal einen nachgeborenen Hund auf eine Ausstellung, zu einer Leistungsprüfung führen kann.
So will ich mit diesem Buch nur die Anregung geben, einmal mehr auf das Geburtsgeschehen zu achten, um dann aus eigenen Beobachtungen weitere Schlüsse zu ziehen, und nicht nur das – vielleicht auch mitzuhelfen, das, was heute und hier noch unvollkommen sein mag, zu ergänzen, zu vervollständigen und, falls notwendig, zu korrigieren.
Dabei denke ich ausschließlich an das von der Natur vorgesehene, also ganz normale Geschehen, das freilich auch gelegentlich kleine

Verschiedenheiten zeigen kann. Nicht aber – und das sei ausdrücklich betont – an jene Geburtsvorgänge, die der hilfreichen Hand des Tierarztes bedürfen, da ich hier nicht mitreden kann und darf.
Worum ich aber alle Leser dieser Zeilen bitten möchte, ist, mir eigene Erfahrungen mitzuteilen. Jeder, der das Glück hat, eine unkomplizierte Hundegeburt mitzuerleben, könnte zu vielen Einzelheiten dieses Buches eigene Daten beitragen. Er würde mithelfen, das, was ich bislang hauptsächlich an meinen sogenannten »Wildhunden« beobachtet habe, zu ergänzen. Wenn ich auch annehme, daß es nur wenige Menschen geben dürfte, die so viele Hundegeburten beobachten konnten wie ich – oder eigentlich gerade deswegen! –, bin ich mir bewußt, daß das alles, was ich hier dokumentiere und berichte, nur ein Anfang sein kann.
Wie ich allerdings hoffe, ein guter Anfang. Wie gut er ist, werde ich freilich erst wissen, wenn ich die Erfahrungen meiner Leser mit meinen werde vergleichen können!

Eberhard Trumler
Haustierbiologische Station Wolfswinkel

»*Geburt,* der Vorgang, durch den die Leibesfrucht aus dem mütterlichen Körper an die Außenwelt gelangt.«
(Brockhaus Enzyklopädie, 17. Auflage)

Einleitung über das Phänomen Geburt

So einfach ist das also – und darüber soll man ein ganzes Buch schreiben? Dazu noch beschränkt auf das Thema »Hund«?
Wenn man mich fragt, so würde ich gern drei Bücher über dieses Geschehen schreiben – nur über die Geburt beim Hund.
Außerdem noch einige Bücher über die anderen Geburtsvorgänge, die ich gesehen und erlebt habe. Ist doch der Teilungsvorgang bei den einzelligen Lebewesen im Grunde genommen auch eine Art von Geburt, denn aus einem werden zwei Tiere. Noch mehr an den Geburtsvorgang wird man erinnert, wenn man die eigentlich mehr dem Pflanzenreich angehörende Kugelalge Volvox, so groß wie ein Stecknadelkopf, beobachtet. Sie bildet in ihrem Inneren erst winzige, dann immer größer werdende Sprößlinge aus, und eines Tages platzt sie und entläßt die »Kleinen« in das Wasser ihres Lebensraumes Teich oder Tümpel.
Viele solcher Vorgänge habe ich gesehen. Da reifen in der am Rücken gelegenen Bruttasche eines Wasserflohs die Eier heran, werden zu Larven. Sind sie weit genug gediehen, zuckt die Mutter mit dem Hinterleib auf und ab und entläßt sie so aus ihrem Leib.
Die dem Insektenreich zugehörigen Blattläuse auf unseren Gartenpflanzen haben ebenfalls ihre Art des Gebärens: Das Weibchen trägt die Jungen aus und entläßt sie, reif genug für das Leben, aus ihrem Leib.
Der Guppy, ein kleines Fischchen, das ursprünglich aus den mückenreichen Tümpeln Südamerikas stammt und heute in zahlreichen

Varianten als Aquarienfisch von vielen Liebhabern gezüchtet wird, ist, wie auch andere Fische, lebendgebärend; und das mit so viel Erfolg, daß diese Fischart zu Recht den Beinamen »Millionenfisch« erhalten hat.

Beim Feuersalamander konnte ich photographieren, wie das Weibchen vierbeinige, kiementragende Larven zur Welt bringt, und die Geburt bei der Kreuzotter und bei unserer heimischen Bergeidechse habe ich ebenfalls mit dem Photoapparat belauscht. Andere Lurche und Reptilien legen Eier, genau wie die meisten Fische. Aber einige dieser Wirbeltiere ersparen ihren Nachkommen diesen Umweg und bringen sie gleich lebend zur Welt. Nur die Vögel können das nicht, ferner die Monotremen (Kloakentiere), urtümliche Säugetiere, wie Schnabeltier und Schnabeligel. Die legen heute noch reptilienhaft Eier, die sie in einem Beutel ausbrüten.

Danach kommen die Beuteltiere, die zwar auch lebendgebärend sind – nur, was da geboren wird, ist so unfertig, daß man es eigentlich als »Embryo« bezeichnen müßte. Komplizierte Verhaltensweisen führen diese Frühgeburt in eine Bauchtasche, in deren Innerem sich die Zitzen befinden. Dort heftet sich der Winzling an und saugt so lange, bis er dem erwachsenen Tier in der Form etwa gleicht. Jetzt endlich läßt er gelegentlich die mütterliche Zitze los und guckt neugierig aus dem Beutel in die große, weite Welt, die er dann auch bald betreten wird. Alle diese »Säugetiere« leben in Australien, jenem kleinsten Kontinent, der sich so frühzeitig von dem großen eurasischen Kontinent getrennt hat, daß die Evolution – jene Höherentwicklung der Tierformen, die auf den übrigen Festländern aus den Beuteltieren »Mutterkuchentiere« (Plazentalier, Plazenta – Mutterkuchen) gemacht hat – sie vergessen hat. Dazu gehören dementsprechend auch unsere Hunde und ihre Wolfsahnen. Sie tragen die Jungen innerhalb des Körpers aus, bis sie ein geburtsfähiges Alter erreicht haben.

Bei den Säugetieren dieser Art gibt es da freilich wieder Unterschiede. Die Jungen einer Maus oder eines Kaninchens werden unbehaart geboren. Daher bedürfen sie eines wärmenden Nestes. Ganz im Gegensatz hierzu bringt die Stute oder die Kuh Junge zur Welt, die innerhalb einer Stunde – wenn auch zunächst noch etwas wackelig – auf eigenen Beinen stehen können.

Erstere nennt man daher »Nesthocker«, letztere »Nestflüchter«. Natürlich hat noch keine Kuh und keine Stute ein Nest gebaut. Der Ausdruck kommt aus der Vogelkunde. Bei Vögeln schlüpfen die Jungen auch in unterschiedlicher Verfassung aus dem Ei. Die einen sind noch unbefiedert und müssen daher so lange im Nest hocken, bis ihnen ein Federkleid gewachsen ist – etwa die Jungen unserer Schwalben. Hühnerküken hingegen haben zwar noch kein volles Gefieder, aber ein schützendes Flaumfederkleid, das es ihnen ermöglicht, bald nach dem Schlüpfen das Nest zu verlassen und der Glucke zu folgen.

Bei unseren Hunden finden wir einen Mittelweg. Die Hündin bereitet zwar kein »Nest« vor, wie etwa die Maus, aber sie gräbt ein »Lager«. Die zwar behaart, aber sonst noch recht unvollkommen zur Welt gebrachten Jungen verbringen in der Regel die ersten 21 Tage in diesem Lager, ehe sie der Mutter folgend den ersten Schritt ins Leben wagen. Wir können sie daher kurzweg »Lagerjunge« nennen.

Damit wir uns gleich mit den notwendigen Fachworten vertraut machen: eine Hündin gebiert nicht, sie *wölft* – der Ursprung dieses Wortes ist klar. Die Kleinen heißen nicht Junge, sondern Welpen. Der »Duden« sagt, daß das Wort Welpe vom niederdeutschen »welf« kommt, was wieder den Rückbezug zum Wolf erkennen läßt.

Wenn man also mit versierten Hundezüchtern spricht, muß man seine Frage also etwa so stellen: »Wie viele Welpen hat ihre Hündin gewölft?« Dann wird er sofort erkennen, daß Sie Fachmann sind.

Das werden auch Sie sein, wenn Sie dieses Buch mit der nötigen Aufmerksamkeit lesen.

Warum soll man über die Geburt Bescheid wissen?

Die Geburt ist – nach der Begattung – von entscheidender Bedeutung für das Überleben der Art oder Rasse. Gewiß – ohne Begattung keine Geburt (obgleich es da im Tierreich ebenfalls Ausnahmen gibt!). Aber es kann im Extremfall auch trotz Begattung keine Geburt geben.
Mehr und mehr hört man in Züchterkreisen, daß diese oder jene Hündin trotz Begattung (»Bedeckung«, »Deckakt«) nicht »aufgenommen« hat. Selbstverständlich hat dann der Rüde die Schuld – nach Meinung des Halters der Hündin. Der Rüdenhalter gibt seinerseits vorbehaltlos der Hündin die Schuld. Diesbezüglich hat es schon schwere Auseinandersetzungen unter Hundehaltern gegeben, die bis vor Gericht gingen. Schließlich will der, der teures Deckgeld bezahlt hat, auch die Früchte dieser hohen Ausgabe sehen.
Aber das ist ein anderes Thema.
Tatsache ist jedoch, daß es wirklich Hündinnen gibt, die unfruchtbar sind. Das kann viele Ursachen haben, bis zur Krebsbildung im Unterleib. Es kann im günstigsten Falle damit zusammenhängen, daß sie bloß zu feist gefüttert sind – auch das verhindert oft die Fruchtbarkeit, läßt sich aber beheben. Dagegen hilft die Methode »FdH« (»Friß die Hälfte«).
Hier wollen wir uns jedoch darauf beschränken, den Wert zu erkennen, den die genaue Kenntnis des Geburtsvorganges – also des Wölfens – für den Züchter hat. Dazu gehört auch die Kenntnis des Geschehens kurz vor und kurz nach der Geburt. Nur schnell noch einige Worte zu dem von mir so leichtfertig erwähnten Begriff »Züchter«.

Wer ist Züchter?

Grundsätzlich darf sich jeder »Züchter« nennen, der seine Hündin einem Rüden zuführt. Aber so, wie man »Jäger« von »Jagdscheinbesitzern« unterscheiden muß, muß man auch Züchter von jenen Leuten trennen, die eine offizielle Zuchterlaubnis haben. Für mich jedenfalls ist nur derjenige »Züchter«, der sich seiner Verantwortung dafür, daß er für die Gesunderhaltung seiner Rasse zu sorgen hat, voll und ganz bewußt ist.

Diese Verantwortung zu tragen ist gar nicht so leicht. Sie ist viel schwerer, als man denkt. Wer glaubt, es genüge, eine gute Hündin mit besten Papieren von einem ebensolchen Rüden decken zu lassen, und alles gehe in Ordnung, der irrt. Was das gewiß strenge Auge des Richters auf der Ausstellung sieht, ist vorwiegend der »Formwert« der Rasse. Dies bedeutet, daß er das »Exterieur«, die äußere Form des Hundes, gemäß des Rassestandards, beurteilt. Er sieht den »Phänotypus«, also das Erscheinungsbild, das auch stark von der »Kondition« des Hundes abhängt, was wiederum Rückschlüsse auf Umwelteinflüsse (Ernährung, Bewegung, Training), unter denen der Hund aufgewachsen ist und vorgestellt wird, zuläßt.

Was der Richter nur in Ausnahmefällen beurteilen kann, ist der »Erbwert« des Hundes. Darunter verstehen wir hier die »Konstitution«: die potentielle Abwehrkraft gegen Krankheiten, die Widerstandskraft gegen Witterungs- und andere Umwelteinflüsse; dazu gehört schließlich auch die Gebärfähigkeit der Hündin, die man ihr nicht von außen ansehen kann.

Hier muß der Züchter in Eigenverantwortlichkeit handeln. Eine Hündin, die nach der ersten Bedeckung »verwirft« – also die Welpen vorzeitig zur Welt bringt – und dies auch nach der zweiten Bedeckung tut, sollte aus der Zucht herausgenommen werden, obgleich es durchaus sein könnte, daß sie nach der dritten Bedeckung lebensfähige Welpen zur Welt bringt. Wir haben es in einem solchen Fall mit einer konstitutionellen, also vererblichen Schwäche zu tun.

Nicht anders ist es mit einer Hündin, die »überträgt«, also zweimal hintereinander die Früchte so lange im Leib behält, bis sie abgestorben sind. Gewiß – mit Wehenspritzen kann man sie veranlassen, nicht zu übertragen. Aber dann macht man sich der Gedankenlosigkeit der Erbwertminderung schuldig, denn auch das deutet klar auf eine vererbbare Konstitutionsschwächung hin.

Ich betone stets dieses »zum zweiten Mal«, weil bei einem Erstlingswurf schon einmal aus allerlei Gründen etwas daneben gehen kann. Das muß noch kein triftiger Grund sein, eine relativ junge Hündin aus der Zucht auszuschließen.

Wer es ein zweites Mal probiert, ohne künstlich einzugreifen, bleibt in meinen Augen immer noch ein Züchter. Geht es aber beim zweiten Wurf ebenfalls in gleicher Weise schief, wie beim ersten, sieht das anders aus. Wer dann noch weiter versucht, mit Hilfe des Tierarztes endlich den dritten Wurf zu »retten«, verdient den Namen Züchter nicht mehr – er verdirbt nur noch die Rasse.

Dies sei allen ins Stammbuch geschrieben, die glauben, es gäbe Rassen, die nur und einzig und allein über Kaiserschnitt entbunden werden könnten. Wer das glaubt, verdient den Namen »Züchter« nicht – er ist schlicht und einfach Tierschinder!

Hat man die Konstitution einer Rasse so weit herabgemindert, dann hat man das zerstört, was in unendlicher Mühe von unseren Vorfahren geschaffen worden ist. Sie kannten weder Wehenspritzen noch den Kaiserschnitt – sie hatten nur mit gesunden, gebärfreudigen Hündinnen weitergezüchtet.

Gebärfreudigkeit

»Gebärfreudigkeit« ist ja nun nicht gerade der glücklichste Ausdruck dafür, daß eine Hündin mühelos ihre Welpen wölft. Aber unter Gynäkologen (sowohl in der Human- wie auch in der Veterinärmedizin) plaudert man in diesem Jargon, und das geht so weit, daß man von einem »gebärfreudigen Becken« spricht, womit man sagen will, daß die Öffnung am unteren Rand des Beckens so groß ist, daß das Kind bei der Geburt leicht hindurchkommt.

Bei Hündinnen liegen diese Verhältnisse ähnlich. Geradezu lachhaft ist es für jeden Biologen, wenn behauptet wird, daß ein Welpe wegen eines zu großen Kopfes nicht geboren werden kann. Das müßte schon ein ausgewachsener Wasserkopf sein, was ja gelegentlich auch vorkommt. Genauso unrichtig ist die Annahme, daß Welpen von zu großen Rüden der Hündin bei der Geburt Schwierigkeiten machen können. Ich selbst habe zum Teil Geburten bei Hündinnen erlebt, die nicht einmal halb so groß waren wie der Rüde, der sie gedeckt hatte. Es waren glücklicherweise gesunde Hündinnen, und so brachten sie ihre Welpen genauso problemlos zur Welt, wie das jede gesunde Hündin tut.

Nur ein Beispiel unter vielen aus jüngster Zeit: Unsere Petra ist die Tochter von Peter, einem Pinscher, der unsere inzwischen verstorbene Uschi gedeckt hatte. Uschi war ein zartes Windspiel. Petra, ihre Tochter, gleicht in der Figur einem geringfügig über das Maß eines Windspiels hinausgehenden Hund dieser Rasse, mit leichtem Pinschereinschlag. Sie wurde von meinem starken, großen Persischen Windhund (Saluki) gedeckt. Der ist bald dreimal so hoch wie Petra. Alles ging klar über die Bühne – es gab keine Geburtsschwierigkeiten und Petra war diesen Welpen eine vorbildliche Mutter.

Dies nur als Beweis, denn der Aberglaube in der Hundezucht, dem auch immer noch gewisse Tierärzte verhaftet sind, sollte endlich einmal der besseren Einsicht weichen. Der Unsinn, daß Welpen zu große Köpfe haben können und deswegen Geburtsschwierigkeiten verursachen, sollte endlich der Erkenntnis weichen, daß es sich vielmehr so verhält, daß Hündinnen mit zu schmalem Becken gezüchtet und zur Geburt gezwungen werden, weil man Ursache und Wirkung allzugern verwechselt. Nicht die degenerierten, fehlgezüchteten Hündinnen sind schuld (sie haben doch Schönheitsprädikate!), sondern die Welpen, weil sie rassebedingt zu große Köpfe haben. So einfach findet man Ausreden, und so einfach ist es, eine Rasse bis zum letzten auszunutzen und zu degenerieren.

Was wir also als verantwortungsvolle Züchter und echte Hundefreunde brauchen, sind eben »gebärfreudige« Hündinnen. Also Hündinnen, die klaglos ihre Welpen zur Welt bringen können.

Leichte und schwierige Geburten

Ein guter Züchter wird also darauf achten, daß seine Hündin ihre Welpen ohne größere Schwierigkeiten wölft. Bei unseren Rassehunden müssen wir hier einen kleinen Spielraum offen lassen. Sie sind eben keine Wölfe mehr, keine Dingos, bei denen alles so glatt geht. In diesem Buch wird vorwiegend die ideale Geburt vorgestellt, sozusagen als Maßstab. Ich kenne auch viele Rassehündinnen, die es den Wildhunden gleichtun. Das ist sehr erfreulich. Es muß also nicht sein, daß Hündinnen irgendeiner Rasse Geburtsschwierigkeiten haben. Ich weiß von einem Fall, der geradezu verblüffend ist: Eine Französische Bulldogge hat in Abwesenheit ihres Betreuers elf gesunde Welpen zur Welt gebracht – hat also offenbar nichts von »zu großen Köpfen« bemerkt. Man sieht – alles geht, man muß nur verantwortungsbewußt züchten. Das ist das ganze Geheimnis. Nun sollte man nicht gleich den Kopf verlieren, wenn es einmal nicht so problemlos geht, wenn Verzögerungen eintreten, wenn die Hündin sich einmal etwas plagen sollte. Wie gesagt – unsere Rassehunde sind keine Wölfe mehr, und selbst bei jenen ist es so, daß nicht immer alles nach Vorschrift geht. Unpäßlichkeiten während der Tragzeit können hier eine Rolle spielen, Umwelteinflüsse können die Tragzeit verzögern, und was es da alles geben mag. Wenn die Geburt etwas langsamer verläuft als bei Wildhunden, bedeutet das zwar, daß sich das Erbgut verändert hat, aber noch nicht unbedingt, daß die Hündin deswegen einen minderen Erbwert hat. Eine gewisse Toleranz müssen wir unseren Rassehunden schon einräumen. Sie darf nur nicht so weit gehen, daß jede Geburt für die Hündin zur Qual wird. Dann sollte man aufhören zu züchten – was leider im Tierschutzgesetz vergessen wurde auszuführen. Es wird kaum ein Züchter dem Zuchtwart erzählen, daß sich die Hündin unendlich geplagt hat, um ihre Welpen zur Welt zu bringen, und sollte er es doch tun, hat der Zuchtwart wohl auch keine Handhabe gegen diesen Züchter, vor allem dann nicht, wenn die Welpen gesund sind, was ein dehnbarer Begriff ist.

Es geht also darum, daß nur der Züchter entscheiden kann, ob es sich um eine leichte oder um eine schwere oder nur um eine nicht so ganz leichte Geburt handelt.
Ausdrücklich möchte ich betonen, daß der Geburtsvorgang der deutlichste Spiegel ist, der uns die Gesundheit einer Hündin reflektiert. Wie schon klargestellt, haben wir hier zwei Faktoren zu beachten. Erstens die Konstitution, den Erbwert, zweitens die Kondition, den umweltbedingten Zustand der Hündin. Ist eine Hündin durch mangelhafte Ernährung geschwächt, hilft ihr die beste Konstitution nichts – die Geburt wird sie schwer belasten. Aber beste Pflege und Ernährung helfen nichts, wenn die Hündin eine schlechte Konstitution hat – da sind dann Geburtsschwierigkeiten unvermeidbar, und dann sollte jeder verantwortungsbewußte Züchter aufhören, mit dieser Hündin weiterzuzüchten. Er bringt damit kommenden Hundegenerationen nur unsägliches Leid und wird unter Umständen mitschuldig am Untergang der von ihm betreuten Rasse.
So ist also der Geburtsvorgang von entscheidender Bedeutung für den Züchter. Er sollte jede Geburt sorgsam beobachten und registrieren, wozu ihm dieses Buch ausreichende Vergleichsmöglichkeiten bieten will. Hat es sich doch vielfach eingebürgert, daß eine Geburt grundsätzlich als eine schwierige Angelegenheit betrachtet wird. Da Tierärzte nur zu Schwergeburten herangezogen werden, sind sie natürlich versucht, schwierige Geburten als Normalfall hinzustellen. Der wirkliche Normalfall soll hier im Vordergrund stehen, um jedem Züchter zu helfen, seine eigenen Hündinnen zu beurteilen und daraus die notwendigen Konsequenzen zu ziehen.
Von aller Sachlichkeit mal abgesehen, möchte ich allzugern aufzeigen, was für ein großartiges Erlebnis eine Hundegeburt für uns Menschen ist. Wenn man nach mehr als 150 Geburten diesen Vorgang mit der gleichen Faszination erlebt wie die erste Geburt, dann hat das wohl seine eigene Aussagekraft.

Das Wölfen beobachten

Vor vielen Jahren habe ich schon einmal eine Hundegeburt beobachtet, bei einer Schäferhündin. Damals hatte ich kaum Ahnung von Verhaltensforschung, von Kynologie und allem, was dazugehört. Naiv beobachtete ich alles und war froh, als es vorbei war. Über die Welpen habe ich mir Gedanken gemacht, darüber, welche ich behalten sollte, und dann galt meine Hauptsorge der Frage, welche Namen ich ihnen geben sollte.

Als ich dann viele Jahre später, in Oberbayern, innerhalb von 24 Stunden zwei Würfe hatte und noch nicht ahnte, daß mich meine Hunde »auf den Hund« bringen würden, bekam ich immer noch nicht viel mit. Ich entdeckte jeweils erst am Morgen, daß die Hündinnen während meines friedlichen Schlafes in den Nächten zuvor brav sorgende Mütter geworden waren. Wieder war es die Entwicklung der Welpen, die mich zunehmend fasziniert hat.

Ein Jahr später gab es neue Geburten. Aber da war ich dann endlich schon so auf den Hund gekommen, daß ich mir diese Ereignisse nicht mehr entgehen ließ.

Aber es war schwer, in den Zwingern, die ich anfänglich in der unvergessenen Grubmühle errichtet hatte, die Geburten wirklich genau zu beobachten. Ich sah nachts auch nicht mehr, als daß alles gutging. Dabei half mir eine Taschenlampe, die ich nur zögernd einsetzte. Ich dachte, daß es die wölfende Hündin stören könnte. Ich bemerkte aber, daß sich keine der Hündinnen durch den Lichtstrahl stören ließ. So kam ich endlich auf den genialen Einfall, mir einen »Geburtenzwinger« einzurichten. Hierfür teilte ich ein Stück des langen Flurs neben dem Eingang zu meinem Arbeitszimmer mit Drahtgeflecht ab, setzte eine Gittertür ein und bastelte eine Hütte, die ich in die hinterste Ecke des 2×4 Meter großen Raumes stellte. Sie hatte ein abnehmbares Dach und eine leicht zu entfernende Vorderwand. Da Dingos stubenrein sind (wie alle Hunde, wenn man sie läßt!), stellte ich noch eine flache Kiste mit Sägespänen in eine Ecke.

Außerhalb dieser Anlage stellte ich ein Tischchen auf, mit einer soliden Küchenwaage aus Großmutters Zeiten, mit der man auf 0,5 Gramm genau wiegen konnte. Block und Bleistift dazu, mit vorgefertigter Gewichtstabelle für die Welpen, Tonbandgerät sowie Photoapparat mit Elektronenblitz.

Ich hatte inzwischen herausbekommen, daß Dingohündinnen ganz genau 60 Tage nach der ersten Bedeckung werfen. So brachte ich meine Suki acht Tage vor der zu erwartenden Geburt in dieses Gemach. 24 Stunden vor dem großen Ereignis hörte ich von meinem Arbeitszimmer aus (in dem auch mein Bett stand) zum ersten Mal jenes mir bis dato unbekannte Scharren, jenes untrügliche Zeichen dafür, daß die Geburt nicht mehr lange auf sich warten lassen wird. Ich protokollierte von da ab jede Bewegung der Hündin, notierte, wann sie mit dem Fressen aufhörte (eben um diese Zeit), wann und wie lange sie schlief, wann sie Harn oder Kot absetzte. Ich selber aß auf dem Boden sitzend, keinen Blick von der Hündin ablassend. Ich photographierte die unnötigsten Dinge, jede Regung der Hündin, glaubte Wehen zu sehen, die es nicht gab – kurz, ich war sogar bereit, auch Stimmen aus dem Jenseits zu empfangen. Diese kamen zwar nicht, aber doch endlich die Geburt.

Das war 1968. Von da ab war ich diesem Geschehen restlos verfallen. Das ist ein Thema, von dem ich bis heute nicht mehr losgekommen bin. Unzählige Protokolle und Tonbänder habe ich inzwischen, deren wissenschaftliche Auswertung allerdings Monate dauern würde. Dazu kommen die 500 oder mehr Dias, von denen ich nur einige in diesem Buch unterbringen kann, und zwar jene, die den unmittelbaren Geburtsvorgang und das Verhalten der Hündin dabei zeigen. Fast ebenso viele gibt es, die das Verhalten der Hündin vor und nach der Geburt zeigen, auch ihr Verhalten dem Menschen oder dem ihr zugesellten Rüden gegenüber.

Filmen der Geburt

Schließlich beschloß ich, das alles zu filmen. Die Farbdias allein genügten mir nicht mehr. Verhaltensforschung ohne Film ist schön, aber Verhaltensforschung mit Film ist schöner. Vor allem wissenschaftlich wertvoller. Um frei nach Goethe zu sprechen: »Was du Bunt auf Bunt im Kasten hast, kannst du getrost nach Hause tragen!« Verhaltensforschung ohne Film ist wie ein Storch, der auf einem Bein steht und müde in die Gegend blinzelt. Der Film aber steht auf zwei Beinen, denn man kann jede kleinste Bewegung hundertmal ablaufen lassen, um sie ganz exakt zu analysieren. Oskar Heinroth, ehemaliger Direktor des Berliner Zoos, hat das erstmals mit seinen Entenstudien bewiesen, und seither ist der Film aus der Verhaltensforschung nicht mehr wegzudenken.

Für mich entstand also die Frage, wie ich zu Filmaufnahmen kommen könnte. Diese Frage blieb lange Zeit ungelöst, vor allem aus finanziellen Gründen.

Da kam mir das Glück, oder wie man es nennen mag, zu Hilfe. Ich hatte die ehrenvolle Aufgabe, bei der Jahreshauptversammlung des Jagdgebrauchshundverbandes e.V. einen Vortrag über das Verhalten des Hundes zu halten. Ich hatte zwar zu dem Zeitpunkt eine schrecklich geschwollene Backe, und ähnlich geschwollen mag ich wohl auch geredet haben. Aber es blieb nicht ohne Wirkung. Im Herbst darauf – es war das Jahr 1973 – wurde ich zu einer kleinen Konferenz eingeladen, an der nicht nur die Spitzen jener Organisation teilnahmen, sondern auch zwei bekannte Verhaltensforscher aus der tiermedizinischen Fakultät.

Es ging darum, die Verhaltensforschung in die Jagdkynologie einzuführen. Es wurde klug und sachlich diskutiert. Das Ergebnis: wir sollten einen Film machen. Mein filmerfahrener Freund Klaus Zeeb aus Freiburg rechnete nach. Die Summe, die er nannte, ließ alle Beteiligten schaudern. Dabei hatte ich doch ein so schönes Thema vorgeschlagen: »Geburt und Jugendentwicklung beim Dingo«.

Aus der Traum – einen solchen Betrag konnte der Jagdgebrauchshundverband niemals aufbringen. Etwas unschlüssig ging die illustre Gesellschaft auseinander. Nur einer war Optimist. Das war Rolf Brunck, Wissenschaftler bei einem großen pharmazeutischen Werk. Bald nach dieser Sitzung rief er mich an und forderte mich auf, einen Entwurf für diesen Film zu senden.
Grundsätzlich glaube ich nicht an Wunder. Aber ich folgte dieser Aufforderung, da es mir nichts ausmacht, wenn einige von mir verfaßte Maschinenseiten in den Papierkorb wandern.
Genau das taten sie aber nicht. Ich wurde nach Frankfurt eingeladen. Es kam zu einem interessanten Gespräch mit Mitarbeitern der Firma. Bald darauf erhielt ich die Mitteilung: Man wird mir das Geld für einen solchen Film zur Verfügung stellen.
Eigentlich war es nun doch wie ein Wunder!
Im März 1974 ging es los. Endgültige Fassung des Plans, Vorbesprechung mit der zuständigen Filmgesellschaft, Planung auch der technischen Voraussetzungen.
Hier mußte ich dazulernen. Aus lauter Bescheidenheit wollte ich alles so billig wie möglich machen. Ich dachte an eine größere Holzhütte, etwa 6×4 Meter, 2 Meter hoch. Darin eine Bühne, etwa 1,20 Meter hoch, dahinter einen halbrunden Hintergrund aus weißem Kunststoff. Das war aber nicht. Es rückten einige Ingenieure an, um Nägel mit Köpfen zu machen. Zunächst wurde ein 200 Meter vom Haus entfernter Platz ausgesucht. Dort wurde der Boden planiert und einige mächtige Betonsockel versenkt. Auf diesen wurden fünf Meter hohe Metallrohre festgeschraubt, Querstreben gezogen und der 8×8 Meter umfassende kunststoffbeschichtete Fußboden montiert. Über diese Verspannungskonstruktion kam eine Kunststoffhaube, die nach der Fertigmontage aussah wie ein Teil der Olympiabauten in München, nur daß sie schön knallrot war. Die verbleibenden Freiräume füllte der Tischlermeister des Ortes mit fenster- und türtragenden Holzwänden aus. Den Innenraum umgab ringförmig eine weiße Kunststoffplane, damit man beim Filmen von allen Seiten einen sauberen Hintergrund hat.

In der Mitte aber war ein Tisch aufgebaut. Dann wurde eine 200 Meter lange Stromleitung gelegt für die sechs Filmscheinwerfer, die am Dachgestänge montiert und des indirekten Lichtes wegen nach oben, gegen die innen weiße Dachseite, gerichtet waren. Ferner wurden als Zusatzbeleuchtung einige transportable Scheinwerfer aufgestellt. Schließlich brauchte auch der elektrische Ofen Strom. Aber das ist immer noch nicht alles! Wenn die Hunde außerhalb der Filmaufnahmen das Bedürfnis haben sollten, ein wenig im Freien umherzulaufen, muß man dem Rechnung tragen. So wurde rund um das Monsterzelt (das die Dorfbewohner veranlaßte, künftig vom »Zirkus Trumler« zu sprechen) ein solider Zaun gebaut, als Auslauf. Ich bin noch nicht fertig. Wir wollten ja auch Außenaufnahmen machen, um die Spiele der Welpen zu filmen. Also wurde unter dem Einsatz von acht Arbeitern ein riesiges Gehege gebaut, das von einer Gärtnerei mit vielen Büschen bepflanzt wurde. Meine Mitarbeiter und ich bauten dazu eine künstliche Naturhöhle, die den Hunden dann tatsächlich viel Spaß machte. Am Vorderrand des Geheges wurde ein etwa 120 Zentimeter tiefer Graben ausgehoben, damit der Kameramann von unten nach oben in das von einem Hügel herabfallende Gelände filmen konnte.

Was das alles gekostet hat? Nun – zunächst eine unglaublich detaillierte Planung, viel Arbeit und Schweiß. Finanziell? Das weiß ich nicht – ich weiß nur, daß das Direktorium seither böse auf mich ist ... Aber es hat sich rentiert. Fritz Stapenhorst, ein versierter Filmemacher, der noch von der alten Berliner UFA kommt, führte Regie, Peter Dolpp, der auch Filme für das Fernsehen macht, war Kameramann. Mit einem solchen Stab konnte die Sache nicht schiefgehen!

Als die erste Rohkopie vorlag, war ein volles Jahr vergangen. Im März 1975 führte ich sie erstmals bei der Jahreshauptversammlung des Jagdgebrauchshundverbandes vor. Die Kopie war unvollkommen, der Ton miserabel – aber der Film kam an!

Hinterher haben wir den Text von einem professionellen Sprecher sprechen lassen und neue Kopien gezogen. Rund zweihundertmal habe ich den Film bei Vorträgen vorgeführt. Ich war bei den

Dreharbeiten dabei, ich saß tage- und nächtelang mit dem Filmschnitt-Virtuosen Fritz Stapenhorst im Filmschneideraum, habe jede Szene wieder und wieder vor- und zurücklaufen sehen. Trotzdem sehe ich ihn immer noch gern selber an und entdecke Einzelheiten, die mir zuvor noch entgangen waren. Natürlich muß diese Schilderung jetzt jedem Amateurfilmer den Mut nehmen, sich mit seiner Kamera an dieses Thema heranzuwagen.

Doch ich kann Gegenbeweise liefern. Mit meinem Freund Wolfgang Arendts habe ich die Geburt meiner Schakalbastarde gefilmt, und zwar schlicht und einfach in meinem Geburtenzwinger. Wir arbeiteten mit 16-Millimeter-Film. Vor mir liegt aber auch reichhaltiges Material, das mit Super-Acht aufgenommen wurde, gedreht an Münsterländern von Gesche Leist oder bei der Geburt einer Schäferhündin von Anton König in Montreal (Kanada). In beiden Filmen fand ich Szenen, Einzelheiten, die uns trotz aller großartigen Vorbereitungen nicht gelungen waren.

Ich bezweifle stark, daß der technische Aufwand allein die Qualität solcher verhaltenskundlich ungemein wertvollen Filme bestimmt. Beleuchtung und Schärfe, Geduld und Freude an der Sache bringen auch das, was für verhaltenskundliche Studien notwendig ist. Darum sollte sich der Amateurfilmer nicht entmutigen lassen – es geht auch so.

Hier meine Erfahrungen mit Hündinnen, die wölfen: Sie lassen sich durch Filmleuchten überhaupt nicht stören und finden die Anwesenheit von Menschen geradezu beruhigend. Sie lassen sich während der Austreibung herumdrehen, damit man auch das Austreten der Frucht filmen kann. Doch davon später noch mehr.

Aber damit sind wir schon wieder bei einem neuen Thema, das ich noch ein wenig hintanschiebe, weil ich zuvor schildern muß, wie wir unsere Dingos davon überzeugten, daß jener Tisch im Zelt ein idealer Aufenthaltsort ist, sehr geeignet, um im Licht der Scheinwerfer zu wölfen.

Paso, Sela und Puma

Um die folgenden Ereignisse besser verständlich machen zu können, muß ich zunächst einiges von den Dingos berichten, die dazu auserkoren waren, auf jenem Tisch zu wohnen. Sie hießen Paso, Sela und Puma, und sie waren direkte Nachfahren von Aboriginal und Suki, von denen ich in meinem Buch »Mit dem Hund auf du« erzählte. Sie waren ein Geschenk Alfred Seitz', des damaligen Direktors des Nürnberger Zoos. Ihre Eltern waren der Neuguinea-Dingo Luxl (aus der Zucht des Haustierkundlichen Instituts der Universität Kiel) und die schlankwüchsige Australierin Gina aus dem Zoo Karlsruhe.

Abo und Suki waren als Geschwister die Eltern von Paroo und Sidney. Diese Geschwister brachten am 16. Oktober 1971 einen Wurf, aus dem Django und Daisy hervorgingen, die dann zu dem Zoologen Wolfgang von de Wall gekommen sind. Dieses Geschwisterpaar brachte am 30. September 1972 einen weiteren Inzestwurf, und aus diesem kamen Paso und Sela zu mir in die Grubmühle. Dieses Geschwisterpaar wölfte erstmals am 12. Januar 1974 in meinem schon erwähnten Geburtenzwinger.

Das war also die fünfte Generation, von Abo und Suki gerechnet, oder die vierte Inzestgeneration fortgesetzter Geschwisterverpaarungen. Kein Wunder also, wenn es da schon etwas gewackelt hat und nicht alle Welpen lebensfähig waren. Man versuche das gleiche mit Rassehunden!

Aber ein Welpe war ganz große Klasse – er überlebte und bekam den Namen Puma, weil er auch so aussah, als er noch ganz klein war. Das also ist die Vorgeschichte. Es war zu erwarten, daß ein neuerlicher Wurf von Paso und Sela nicht besser gelingen würde. Daher wählte ich sie als »Filmstars« aus, um im Film zeigen zu können, was mein »Biotonus-Test« wert ist.

Was das ist, habe ich ausführlich in meinem Buch »Mit dem Hund auf du« und in dem zu dieser Buchreihe gehörigen Buch »Trumlers Ratgeber für den Hundefreund« beschrieben. Hier wiederhole ich das

nicht mehr. Nur so viel: Es handelt sich um einen Test, mit dem man die Lebenskraft eines Welpen auf einfache Art prüfen kann. Wer überdies den Film kennt, weiß, was ich meine.
Als Puma geboren wurde, saß ich mit dem Photoapparat dabei, ebenso sein leiblicher Vater Paso. Es war nicht das erste Mal, daß ich einen Rüden bei der wölfenden Hündin beließ. Es war unglaublich rührend, was ich da aufnehmen konnte.
Nun lebten Paso, Sela und Puma gemeinsam in einem Freigehege und waren zu einer untrennbaren Familie geworden. Puma von seinen Eltern zu trennen wäre geradezu unmöglich gewesen. So ergab sich die Frage, was sein würde, wenn bei der Geburt nicht nur der Vater, sondern auch der Sohn anwesend ist. Das interessierte mich natürlich sehr, und so beschloß ich, alle drei Dingos als Filmstars einzusetzen. Es ergab sich, daß Paso zwischen dem 31. August und dem 7. September seine Schwester Sela erneut deckte. Erstmals hatte er sie um den 12. November 1973 gedeckt – ungefähr zu der Zeit, als die Idee zu diesem Film aufgekommen war. Der Abstand zwischen den Deckakten betrug also rund zehn Monate.
Das war für mich keine Neuigkeit. Auch Suki hat sich am 9. Dezember 1967 erstmals mit Abo gepaart und am 9. Februar 1968 ihren ersten Wurf gebracht (sie selbst war am 28. September 1966 geboren), und Abo hat sie noch im selben Jahr, am 27. Juli 1968, erneut gedeckt, was zur Folge hatte, daß sie am 3. Oktober 1968 den zweiten Wurf brachte. Hier aber haben wir nur einen Abstand von Deckakt zu Deckakt von 7,5 Monaten. Kürzer also als bei Paso und Sela. Das scheint auch nach anderen Beobachtungen so bei den ersten beiden Läufigkeiten einer Hündin zu sein. Danach spielt sich ein einjähriger Rhythmus ein.
Ich konnte also Fritz Stapenhorst versichern – erfahren, wie ich nun einmal war –, daß wir mit dem Wurf etwa am 31. Oktober rechnen könnten. Die Tragzeit bei meinen Dingos beträgt stets 60 Tage, bei unseren Hunden etwa 63 Tage.

Wohnen auf dem Tisch

Es ging also nun darum, die drei Dingos davon zu überzeugen, daß man auf dem großen Tisch im großen Zelt auch ganz gut leben kann. Wir Menschen denken beim Umgang mit Tieren zunächst an Tricks und Gewalt. Ganz natürlich, denn wir sind das so gewohnt. Bist du nicht willig, so brauch' ich Gewalt, sagte schon Goethe. So baute ich auf Weidestrom. Der Erfolg war, daß Sela, die wir mit Paso und Puma am 2. Oktober erstmals auf den Tisch setzten, furchtbar verschreckt war. Paso berührte die Metallschiene mit der Nase, bekam einen Schlag und sprang entsetzt vom Tisch herab.
Auch in den Folgetagen klappte die Sache nicht, obgleich sie grundsätzlich ihr Futter auf dem Tisch bekamen, um dann wieder in den sogenannten Filmzwinger getragen zu werden. Also mußte die Konstruktion verbessert werden, war mein Schluß. Aus Bindedraht fertigten wir eine Art Reling rundherum an, etwa 50 Zentimeter hoch. Das half gelegentlich – oder auch nicht. Wir gingen so vor, daß wir die Hunde jeden Tag eine Viertelstunde länger auf dem Tisch beließen, um sie daran zu gewöhnen. Dabei ergab es sich, daß meine Frau, meine Mitarbeiter oder ich selber auf den Tisch stiegen und mit den Hunden spielten.
In den folgenden Tagen mußte ich zu meiner Schande gestehen, daß wir uns den ganzen Weidestrom hätten sparen können ...
Das Geheimnis war einfach das: Die Hunde erkannten, daß es auf dem Tisch nicht nur Futter gibt – sie erkannten noch etwas anderes. Waren sie auf dem Tisch, dann hatten sie engen Kontakt mit uns. Waren sie im Filmgehege, gab es keinen Kontakt. Also war der Tisch für die drei viel schöner als der wunderschön bepflanzte Freiraum.
So freuten sie sich von Tag zu Tag mehr darüber, aus dem Gehege heraus und auf den Tisch getragen zu werden. Den Weidestrom konnten wir abschalten, der war ganz unnötig.
Woraus man sieht, daß das Kontaktbedürfnis der Hunde alle Zwänge erspart – es sind halt soziale Lebewesen!

Die Wartezeit

Wir hatten also unsere drei Dingos etwa 30 Tage vor dem Werfen erstmals mit dem runden Filmtisch vertraut gemacht und sie davon überzeugt, daß es sich in dem schönen, sauberen Zelt doch viel besser leben läßt als draußen im herbstlichen Freigelände. Wir waren ohne Stapenhorst und Dolpp insgesamt sieben Personen, die abwechselnd viele Stunden im Zelt verbrachten, um unseren Dingos Gesellschaft zu leisten. Als wir gegen Ende Oktober fast den ganzen Tag am Tisch verbrachten, hatte das natürlich zur Folge, daß die blendendweiße Fläche durch das Umherzerren von Futter sowie durch die Ausscheidungen der Tiere mindestens zweimal pro Tag sorgfältig gereinigt werden mußte. Für die Tiere ein wahrer Spaß, denn sie konnten so schön den Besen festhalten, den Putzlumpen verziehen, den Wassereimer umwerfen und die frischen Sägespäne aus der als Klo gedachten Schüssel herausscharren. Und das alles beim Licht von sechs Filmscheinwerfern – noch nie ging es Hunden so gut!

Besonders schön war es, wenn einer von uns zwischendurch den »Lebensraum Tisch« mit den Hunden teilte, wodurch ein aufregendes Spiel zustande kam, bei dem die Hunde uns große Stücke aus Pullovern und Jacken herausfetzten. Warm und immer wärmer mußten wir uns jedoch anziehen, weil es gegen Ende Oktober bald unerträglich kalt wurde. Der elektrische Radiator war zwar hübsch anzusehen, aber zu viel mehr diente er in dem riesigen Zelt nicht. Den Dingos war das gleichgültig – wer eine hundegemäße Eigentemperatur von 38,5 Grad Celsius und ein Fell hat, der kennt den Begriff Kälte nicht...

Wir Menschen dagegen kennen ihn jedoch sehr wohl, was sich in einigen Erkältungen manifestierte, gegen die sich größere Mengen Rum oder Wodka, mit etwas Tee angewärmt, nützlich, wenn auch nicht unbedingt als heilend erwiesen. Außerdem wurde es feuchtkalt. Draußen regnete es. Das Zelt war zwar absolut regendicht – aber das Regenwasser sammelte sich unter dem Fußboden, stieg in Form von

Wasserdampf empor, sammelte sich an der Zeltdecke und tropfte herab.
Es tropfte manchmal so stark auf die nach oben gerichteten Scheinwerfer, daß diese laut knallend zersprangen. Mich hat das nicht aufgeregt, denn ich brauchte sie ja nicht zu bezahlen – aber etwas anderes machte mir damals sehr ernsthafte Sorgen...

Temperatur und Feuchtigkeit

Wir wissen, daß auch hochnordische Wölfinnen spätestens in den ersten Maitagen, wenn nicht schon im April, ihre Welpen bekommen, ganz im Gegensatz zu meinen Dingos, die grundsätzlich im Herbst oder Spätherbst wölfen. Worauf das zurückzuführen ist, erwähnte ich schon in meinem Buch »Mit dem Hund auf du« – in Australien ist es eben um diese Zeit Frühlingsanfang. Der Frühlingsanfang im Polarkreisraum ist aber doch nicht ganz mit dem zu vergleichen, was wir hier in Mitteleuropa darunter verstehen. Da kann es auch Anfang Mai noch recht kalt sein. Man denke nur: in Alaska beträgt die Durchschnittstemperatur im Januar minus 25 Grad Celsius, im Juli plus 16 Grad Celsius – da wird man ja wohl froh sein, wenn es im Mai so um die 0 Grad Celsius hat!

Nun kann man sagen, Dingos oder unsere sicherlich subtropischen Regionen entstammenden Hunde sind nun einmal keine nordischen Wölfe. Die mögen an solche Temperaturen angepaßt sein. So dachte ich vor vielen Jahren auch. Mittlerweile weiß ich es anders. Die Fähigkeit, mit Kälte fertig zu werden, besitzen alle Hunde, sogar solche, denen man unter dem seidigen Glatthaar einige Unterwolle wünschen möchte. So hat – um nur ein Beispiel herauszugreifen – meine sehr zart wirkende Greyhoundhündin Bella sechs gesunden, reinblütigen Greyhoundwelpen unter strengsten winterlichen Bedingungen das Leben geschenkt und sie kerngesund aufgezogen, durch nichts anderes geschützt als durch eine aus lose zusammengefügten Rundholzstücken aufgebaute, einem kleinen Hausdach gleichende »Hütte« (in Anführungszeichen deswegen, weil das Wort stark übertrieben ist).

Ich habe bereits mehrfach darauf hingewiesen, daß eine Hündin beileibe keinen warmen, gar noch aufgeheizten Raum braucht, um ihre Jungen zur Welt zu bringen. Ich habe auch darauf hingewiesen, daß manche Hündin 24 Stunden vor der Geburt ihre Körpertemperatur bis um zwei volle Grade herabsetzt, was ihr schwerfällt, wenn man den

Geburtsraum warm hält. Und ich habe dargestellt, daß die Welpen selbst mit einer enormen Untertemperatur aus dem Mutterleib kommen, die unter 35 Grad Celsius liegt.
Erfahrene Züchter wissen, daß die Welpen in einem warmen Raum leichter aktiv werden als in einem kalten. Das bedeutet, daß schwächliche Welpen in einem warmen Raum weitaus größere Lebenschancen haben; das wiederum heißt, daß aus ihnen doch noch etwas wird, das man dann verkaufen kann.
Auf diese Weise wird mit unverantwortlichen Schutzmaßnahmen verhindert, daß die natürliche Selektion arterhaltend eingreift – arterhaltend im Sinne des Bewahrens von gutem Erbgut zuungunsten von schlechtem Erbgut. Solchen Züchtern geht es dann eben nicht um die Erhaltung und Weitervermehrung guten Erbgutes, das mit einer kräftigen Konstitution verbunden ist, sondern nur um die Erhaltung jedes einzelnen Welpen, weil es erstens nicht gut aussieht, wenn drei von acht Welpen innerhalb der ersten drei bis vier Tage sterben (man könnte ja dem Züchter die Schuld geben!), und zweitens, weil nun einmal acht Welpen mehr Geld bringen als fünf.
Auch der Tierschutzgedanke schlägt hier häufig seltsame Purzelbäume. In den Köpfen mancher Tierschützer wohnt unausrottbar die Vorstellung, daß das Aufziehen konstitutionell geschwächter Welpen ein tierschützerisches Wohlverhalten des Menschen sei. Es fehlt solchen Leuten offensichtlich an der gesunden Einsicht, daß es die Natur ist, die die von ihr hervorgebrachten Arten schützt, indem sie die Schwachen eliminiert. Das hat sich seit Jahrmilliarden bewährt, weswegen wir von der Natur lernen sollten. Hier soll also nur bedacht werden, daß die Hündin zum Gebären keine Heizung braucht. Eine Hündin, die das braucht, sollte man nicht weiter zur Zucht einsetzen, denn sie ist dann deutlich und unverkennbar degeneriert.
Was mir aber bis heute noch nicht ganz durchschaubar ist, darf ich hier zur Diskussion stellen. Vielleicht ist es schon einigen meiner Leser aufgefallen – ich versuche mit meinen Büchern nicht nur Fragen zu beantworten. Ich stelle manchmal, mehr oder weniger deutlich, auch Fragen an meine Leser.

Eine solche Frage, die ich mir bis heute nicht einwandfrei beantworten konnte, ist die nach der Luft-, nach der Bodenfeuchtigkeit während des Geburtsaktes, der Zeit davor, der Zeit danach. Luft- und Bodenfeuchtigkeit, vielleicht verbunden mit der Temperatur oder auch nicht. Hier ist ein Punkt, an dem ich ehrlich zugeben muß, daß es mir an Daten fehlt.
Ich habe schon erzählt, daß es in unserem Filmzelt, so genial diese Verspannungskonstruktion von Jochen Schilling ist, sehr feucht wurde. So feucht, daß sich die Tischplatte und die Geburtsschale (von der ich später noch berichten werde) immer naß anfühlten. Zunächst hatte ich mir dabei nicht viel gedacht. Dann aber doch.
Es ging nämlich der vorgesehene 31. Oktober vorbei, ohne daß Sela Anstalten traf, Junge zu bekommen. Ich hätte mir auch nichts dabei gedacht, wenn sie diese am 1., am 2., meinetwegen am 3. November geworfen hätte. Als aber Fritz Stapenhorst und Peter Dolpp in dem klammkalten, feuchten Zelt bei etwas unter Null bis zum 9. November 1974 auf die Geburt warten mußten, stets mit gezückter Kamera, während ich täglich versprach, »heute ganz bestimmt!«, da ging mir so einiges durch den Kopf. Der Wurf kam nach allen meinen Berechnungen um fast zehn Tage zu spät – das hatte es bei meinen Dingos noch nie gegeben. Auch der letzte Wurf von Sela, dem Puma entsprang, war genau 60 Tage nach der ersten Bedeckung gekommen.
Dieser Wurf kam wenige Stunden vor dem vollendeten 70. Tag zur Welt. Hier mußte was nicht stimmen. Hatten die ungewöhnlichen Lebensverhältnisse die Entwicklung der Welpen im Mutterleib verzögert, oder hatte die Hündin deshalb übertragen, also länger mit der Geburt gewartet als üblich?
Wer den Film aufmerksam betrachtet hat, wird gemerkt haben, daß es ursprünglich fünf Welpen waren, hinterher nur mehr zwei. Wer das nicht weiß, kann das jederzeit nachprüfen, denn dieser Film steht allen Hundevereinen und Schulen zur Verfügung. Es war so, daß ohne unser Eingreifen eigentlich nur ein einziger Welpe übriggeblieben wäre, nämlich die Hündin Seta, die, wie einst Puma, als einzige absolut kräftig und gesund zur Welt kam. Ihren kleineren und schwächlichen

Bruder konnten wir nur durch besondere Betreuung am Leben erhalten, weil wir in jenem Film eben auch diese Unterschiede zeigen wollten.
Die Frage ist nun: war nur die so weit geführte Inzestzucht schuld oder auch die extremen Bedingungen? Vor allem aber: was hat die Geburt so verzögert?
Sowenig ich daran glaube, daß Kälte irgendeinen Einfluß haben kann, so groß werden meine Zweifel, wenn es um Nässe geht, möglicherweise noch mit Kälte gekoppelt.
Solche Zweifel scheinen auch Hündinnen zu haben. Erst vor kurzer Zeit erlebte ich, daß eine Hündin ihre Welpen aus dem Wurflager heraustrug, als langanhaltende Regenfälle dieses näßten. Sie hatte eine zweite, weiter hangaufwärts gegrabene Höhle angelegt, die trocken war – dorthin brachte sie die Welpen. Als die Regenfälle anhielten und auch diese Höhle feucht geworden war, baute sie eine dritte Höhle und brachte ihre Welpen dorthin. Es besteht also zweifelsohne die Einsicht, daß Feuchtigkeit schädlich ist. Ob sie aber eine Verzögerung des Wurfaktes herbeiführen kann, ist eine andere Frage.
Pferdezüchter und manche Tiergärtner wissen, daß Stuten die Geburt verzögern können, wenn sie sich gestört fühlen. Allerdings nur um Stunden. Aber auch das glauben einige Fachleute aus verständlichen Gründen nicht – wie kann ein Tier einen zwanghaft ablaufenden Vorgang abbremsen?
Bekannt ist, daß Hündinnen, die nur zwei oder drei Welpen tragen, sich länger Zeit lassen als solche, die mehr als acht oder neun Welpen bringen. Letztere können dann mit Zeitunterschieden von rund 24 Stunden noch ein oder zwei Nachzügler bringen, wie ich das selbst bei einer sehr fruchtbaren Schäferhündin erlebt habe.
Nun, wir müssen diese Dinge hier nicht restlos aufklären – eines ist auf jeden Fall richtig: das Wurflager soll trocken sein. In diesem Punkt wird mir wohl kein Mensch widersprechen.

Das Wurflager

In unserem großen Filmzelt mußte auf dem Filmtisch natürlich auch ein Wurflager vorhanden sein. Allerdings eines, das es Peter Dolpp ermöglichen würde, den ganzen Geburtsvorgang ohne störendes Beiwerk ganz exakt in die Kamera zu bekommen. Anforderungen über Anforderungen – Scheinwerfer, Zelt, Tisch, Filmkamera, Kälte, Nässe – und dazu keine Höhle, in der die arme Sela in ihrer großen Stunde die so notwendige Geborgenheit findet. Ziemlich viel auf einmal!

Nun hatte ich erlebt, daß Selas Großmutter Sidney in meinem Geburtenzwinger einmal die Hütte abgelehnt hat und statt dessen die für die Abgabe der Ausscheidungen vorgesehene flache, viereckige Holzschüssel von den Hobelspänen befreite. Sie hat ihr, unabgeschirmt, wie sie dastand, weitaus besser gefallen, und Sidney bekam ihre Welpen darin. Das brachte mich auf den Gedanken, auch Sela eine solche Schüssel hinzustellen. Ich ließ eine ovale Holzschüssel anfertigen, die in ihren Ausmaßen dem seitlich liegenden Körper samt abgespreizten Beinen der Hündin entsprach. Da ich die von anderen Hündinnen selbstgegrabenen Wurflager kannte, wußte ich, daß diese in der Mitte immer etwas tiefer sind; verständlich, wenn man weiß, daß Welpen in ihren ersten beiden Lebenswochen immer nur im Kreis kriechen, was sie zwangsläufig in der Mitte des Lagers verharren läßt – nämlich dort, wo am Bauch der liegenden Hündin die Milchquellen zu finden sind. Also wurde die Schale in der Mitte um vier Zentimeter vertieft, ganz gleichmäßig vom Rand her verlaufend. Am Rand aber blieb eine etwa drei Zentimeter hohe Kante, damit sich die Hündin bei den Wehen mit Rücken und Pfoten dagegenstemmen konnte.

Als wir diese großartige Lösung den Dingos anboten – schön weiß lackiert –, erkannte Paso sofort, daß es sich darin überaus bequem schlafen ließ! Sela und Puma mußten sich allerdings mit dem flachen Tisch begnügen. Als aber die so lange erwartete große Stunde gekommen war, zeigte sie ihrem brüderlichen Gatten mit entblößten

Zähnen, daß sie das Ding nun selber brauchen würde. Das war offensichtlich so unmißverständlich, daß dieser völlig verdattert das bequeme Lager verließ und es seiner Hündin freigab, wie die Photos zeigen.

Jetzt wußte ich, daß die Zeit des Wartens vorüber ist und daß die Hündin verstanden hatte, wozu die ovale Schüssel vorgesehen ist. Sela hat mich vor den Filmleuten nicht blamiert! Dafür bin ich ihr heute noch dankbar.

Was grundsätzlich das Wurflager betrifft – viele unserer verwöhntesten Rassehündinnen gehen trotz aller unserer Vorbereitungen in den Garten und graben sich dort eine kleine Höhle, um auf nacktem Erdboden ihre Welpen zu bekommen, so, wie es ihre Wolfsahnen schon taten. Dabei glaube ich nicht, daß es ihnen dabei nur um das Graben einer Höhle geht, als zwanghaft ablaufende Instinkthandlung wie das Scharren unmittelbar vor der Geburt.

Fast alle Hunde, die ich kenne, lieben es, sich vor allem im heißen Sommer kleine Mulden in den Boden zu graben, in denen sie Kühlung finden. Ich bin durch viele Beobachtungen, die nicht nur ich bei meinen Hunden gemacht habe, sondern die auch Züchter von Rassehunden bestätigen, fest davon überzeugt, daß die Höhle zum Wölfen nicht nur ein Versteck für die Ankömmlinge sein soll, sondern auch ein kühlender, dabei leicht sauberzuhaltender Geburtsort.

Höhlen werden einige Tage vor der Geburt also sehr zielstrebig und unter Einsatz nicht nur der Pfoten, sondern aller Sinnesorgane gegraben. Schon die Wahl des Ortes, an dem das Loch entstehen soll, wird von der Hündin mit großer Umsicht getroffen. Es drängt sie zu dieser Tätigkeit, was gewiß als innerer, erbmäßig festgelegter Antrieb zu verstehen ist. Ein Antrieb, der, sicherlich unter dem Einfluß des hormonellen Geschehens, so mächtig ist, daß die Hündin unruhig wird. Sie beginnt fast ruhelos das ihr zur Verfügung stehende Terrain abzusuchen. Möglicherweise wird es ihr zunächst gar nicht bewußt, was sie eigentlich sucht. Der Verhaltensforscher nennt das »Appetenzverhalten«.

So schnuppert sie überall umher, bis sie eine Stelle gefunden hat, die sie besonders interessiert. Stets ist es eine Stelle im Gelände, an der ein Hang in ebenen Boden übergeht, oder eine mächtige Baumwurzel, ein am Boden liegender Baumstamm. Als wir in den frühen Tagen der Grubmühle noch ordentliche Hütten aufgestellt hatten, haben sie diese zum Ausgangspunkt für den Höhlenbau genommen. Im Laufe der Zeit standen dann die derart unterwühlten Hütten schief im Gelände, wenn allmählich das Erdreich nachrutschte.

Hat die Hündin einen ihr geeignet erscheinenden Platz gefunden, beginnt sie zu graben. Bis hierher können wir von Instinkthandlungen sprechen. Auch die Art und Weise des Grabens beruht auf Erbkoordinationen, wie man sie auch beim Eingraben des Futters oder bei Ausgrabeversuchen an Mäuselöchern im Feld beobachten kann. Die Hündin stemmt sich mit etwas gespreizten Hinterbeinen fest ab und gräbt dann abwechselnd mit der linken und rechten Pfote den Boden auf, wobei sie das Erdreich unter sich nach hinten, zwischen den Hinterbeinen hindurch, wegschleudert.

Gelegentlich kann man dabei beobachten, daß sie sich auf das linke Vorderbein stützt und einige Male nur mit der rechten Pfote gräbt oder umgekehrt. Ebenso sieht man, daß sie immer wieder kurze Pausen einlegt, um das entstandene Loch abzuschnuppern, anzusehen, kurz zu prüfen. Während des Grabens hat sie die Ohren gespannt nach vorne gerichtet, als würde sie sich dabei auch zuhören wollen. So wird der ihr innewohnende Trieb nicht blind abreagiert, sondern von einsichtigem Verhalten ergänzt.

Das ist so auch notwendig. Nicht überall gibt es reines Erdreich, in das man einfach hineingraben kann. In der Regel tauchen während des Grabens auch Steine auf. Sind sie nicht allzu groß, wird die Hündin ihr Bestes versuchen, so einen Gesteinsbrocken von allen Seiten her in planvoller Arbeit zu lockern und aus dem angefangenen Höhlenteil zu entfernen. Das kann mitunter ganz erhebliche Anstrengung kosten! Muß die Höhlenbauerin aber nach längeren Anstrengungen erkennen, daß der Felsbrocken zu groß für sie ist, geht sie dazu über, seitlich an ihm vorbeizugraben: ein schönes Beispiel von Einsichtsverhalten.

 Sie kann beim Höhlenbau auch ihre Zähne benutzen, nämlich da, wo sie auf Baumwurzeln trifft. Sie werden einfach abgebissen – freilich nur dann, wenn sie eine Dicke haben, die den Einsatz der Backenzähne erlaubt. Sonst verzichtet die Hündin darauf und gräbt eben daneben oder darunter weiter.

Erstaunlich ist, welchen enormen Eifer so eine Hündin bei dieser Arbeit entwickelt. Man möchte meinen, daß sie dabei keine Müdigkeit kennt. Bei guten Bodenverhältnissen hat es schon so manche hoch tragende Hündin geschafft, über Nacht eine Wurfhöhle fertigzubekommen.

Es kann aber auch anders kommen. Bei einer kleinen Nachfahrin meiner Schakal-Hund-Mischzucht war es einmal zu Beginn des Winters soweit. Wir wollten es ihr bequem machen und suchten mit den feinsten »Hundeinstinkten«, derer wir fähig waren, eine prächtige Geländestelle aus – einen kleinen Steilhang, genau nach Süden gerichtet, über ihm große Bäume, daneben Buschwerk. Das schönste daran war, daß ich von meinem Schreibtisch aus mit dem Feldstecher unbehindert den Höhleneingang beobachten hätte können. Meine Jungs gruben also mit viel Eifer das erste Viertel der Höhle aus und stampften aus dem lehmigen Material davor einen schönen flachen Liegeplatz, auf dem wir in Gedanken schon die kleinen Welpen spielen sahen.

Die Hündin Bara trottete von Zeit zu Zeit heran und beobachtete alles ganz genau. Wir hatten das sichere Gefühl, daß sie mit uns ganz zufrieden sei. Wie erwähnt, stellten wir nur das erste Viertel her – ich wollte sehen, ob Bara wirklich diesen so herausfordernd angelegten Höhleneingang akzeptieren würde und ob es sie verlocken könnte, ihn zu nutzen und den Rest der Höhle nach eigenen Vorstellungen auszubauen.

Bereits am folgenden Tag tat sie das wirklich. Voller Eifer setzte sie unser gutgemeintes Werk fort. Aber als die Höhle schon fast fertig war, da kam die große Enttäuschung: Das offenbar zu lockere Erdreich gab nach, die Höhle stürzte ein. Reparaturversuche unsererseits erwiesen sich als nutzlos. Wir waren sehr entmutigt – nicht so Bara. Sie suchte weiter oben eine neue Stelle neben einem der Bäume und begann nun nach eigenen Vorstellungen den Höhlenbau. Bald war sie so weit in das Erdreich eingedrungen, daß nur mehr ihre buschige Rute hervorsah – und da passierte das gleiche. Heftige Regenfälle, die von Schneefällen abgelöst wurden, hatten das Erdreich derart aufgeweicht, daß auch ein dritter Versuch Baras schon gleich zu Beginn gescheitert war.

Also, was tun? Es hatte zu frieren begonnen, der Boden war einige Zentimeter hoch mit Schnee bedeckt, die Geburt stand vor der Tür – und immer noch kein Wurflager. Zwar probierte die Hündin immer wieder da und dort – aber es war deutlich, daß ihr Eifer stark nachgelassen hatte. Hätte ich damals gewußt, was ich heute weiß, hätte ich – gar nichts getan. So eine Hündin kann nämlich, wie wir das hier in Wolfswinkel erst letzten Winter beobachten und photographieren konnten, sich mit einer einfachen Schneekuhle begnügen und darin ihre Welpen gesund und lebensstark aufziehen. Es stört sie dabei nicht einmal, wenn sie beim Schlafen oder Säugen gelegentlich ein wenig zugeschneit wird!

Damals aber ließ ich in aller Eile eine kleine Hütte für die Hündin Bara anfertigen, vorne fast ganz offen, denn diese Geburt wollte Fons Vanacker für das belgische Fernsehen mitfilmen. Das hat dann auch großartig geklappt, denn Bara bequemte sich mangels besserer Möglichkeiten tatsächlich, das mit frischen Fichtenzweigen bedeckte Wurflager, das sehr weihnachtlich anmutete, für sich in Anspruch zu nehmen.

Es muß ein seltsames Bild gewesen sein, wie fünf Menschen und der dazugehörige Rüde mit dem passenden biblischen Namen Balthasar im Schnee hockten, vor diesem krippenähnlichen, reisigbedeckten Hüttchen, überstrahlt vom Scheinwerferlicht – denn Mitternacht war längst vorbei, als das große Ereignis planmäßig eintraf...

Das Scharren

Etwas war mir aber bei Bara aufgefallen, das mir interessant genug erscheint, um hier gewissermaßen als »Einstieg« in ein mir recht wichtig erscheinendes Thema zu dienen. Wie ich schon mehrfach, vor allem in meinen früheren Büchern, ausgeführt habe, ist das sicherste Erkennungszeichen für die knapp bevorstehende Geburt jenes auffallende zwanghafte Scharren, das sich so deutlich von der einsichtsvollen Grabetätigkeit unterscheidet.

Bara hat nämlich in jener Nacht zwar auch gescharrt und uns damit signalisiert, daß es Zeit sei, die warme Stube zu verlassen – aber nur so kurz, daß mir Zweifel kamen. Ich fürchtete schon, daß wir viel zu früh in die kalte Winternacht gingen; möglicherweise war das nur so ein erstes, vorläufiges Scharren gewesen, dem das eigentliche, viel heftigere und länger anhaltende Scharren erst viel später folgen würde! Schließlich habe ich ja schon damals im Filmzelt erlebt, wie man von den Leuten angesehen wird, wenn man als »Fachmann« eine Geburt viel zu früh erwartet. Wer weiß, wie lange es nun diesmal wieder dauern würde?!

Es hat aber nicht lange gedauert. Eine Filmkamera in eisiger Nacht startklar zu machen ist ein meist langwieriger Prozeß. Bara aber schien nur noch darauf gewartet zu haben, daß Fons Vanacker filmbereit war – dann hieß es auch schon »Kamera ab«, und los ging es. Der kurze, vielleicht dreiminütige Scharrablauf, der kurze Abstand zwischen diesem und dem Einsetzen der ersten Preßwehen gaben mir zu denken. Bislang hatte ich das immer anders erlebt. Das Scharren kann sich über Stunden hinziehen, oft von Ruhepausen unterbrochen, und tritt verstärkt auf während der von Vorwehen gekennzeichneten Eröffnungsphase. So war ich das von allen Geburten in meinem Wurfzwinger gewohnt, und so erlebte ich das auch, wenn ich Hündinnen im Hause, in der Wohnung, werfen ließ.

Ganz extrem aber war das damals im Filmzelt bei der Dingohündin Sela gewesen. Sie hatte nicht nur ein beachtliches Scharrpensum vor dem Werfen vollbracht, sie hatte sogar nach dem Werfen immer wieder lange und ausgiebig gescharrt, wie ich das zuvor noch bei keiner anderen Hündin und bis heute auch niemals wieder erlebt habe.

Niemand wird bezweifeln, daß dieses krampfhafte, völlig einsichtslos verlaufende Scharren vor der Geburt triebhaft ist. Es hat sicher seine Bedeutung, denn sonst gäbe es diesen Trieb nicht. Es ist ein merkwürdiger Gegensatz, daß sich gerade in jenen Stunden, da sich unter dem Einfluß der Hormone alle für das Funktionieren des Geburtsweges zuständigen Gewebe vielfach auch durch Wasseraufnahme lockern, selbst Muskeln des Beckenraumes erschlaffen, während die Muskulatur der Vorderextremität sich verkrampft, was zu den auffallend heftigen Bewegungsabläufen des Scharrens führt.

So mag man hier an irgendwelche »Umschaltungen« im Bereich der motorischen Nervenkomplexe denken oder an Durchblutungsregulationen, vielleicht hat es, wie das Hecheln, etwas mit der Herabsetzung der Körpertemperatur zu tun – ich weiß es nicht und konnte auch im Schrifttum darüber keine Angaben finden. Cornelis Naaktgeboren widmet diesem Thema wenig Aufmerksamkeit und bringt es mit dem Höhlenbau in Verbindung, den er als Teil der »Vorbereitungsphase« sieht, »während der das Tier sich auf die Geburt vorbereitet. Es baut ein Nest oder einen Bau zur Aufnahme der Jungen.« So unterscheidet er auch in seiner Tabelle 7 – »Vorzeichen der herannahenden Geburt« – bei insgesamt 159 Hündinnen (Seite 50/51) zwischen »Nestmachen« und »Graben, Scharren«. Ersteres trat bei den 73 Hündinnen, die das taten, im Extremfall bereits drei Wochen vor der Geburt auf; die kürzeste Zeitspanne, die beobachtet wurde, soll 30 Minuten gewesen sein, das heißt, die betreffende Hündin hat 30 Minuten vor der Geburt *erstmals* ein Nest gebaut.

Bei »Graben, Scharren« lesen wir dann, daß es nur bei 51 Hündinnen beobachtet worden sei, die Zeit zwischen der ersten Beobachtung und der Geburt habe eine Woche gewährt, als längste Dauer, und 30 Minuten als kürzester Abstand.

Es muß dazu gesagt werden, daß dies Auswertungen eines Fragebogens sind, der an verschiedene Hundezüchter gegangen war und so diese Daten für 159 beobachtete Hündinnen ergab. Für mich ein Hinweis darauf, wie fragwürdig Fragebogen sein können! Ich jedenfalls kann mit diesen Zahlen nichts anfangen, da sie grundverschiedene Verhaltensweisen durcheinanderwerfen.

Erstens einmal: Was soll man unter »Nestmachen« verstehen? Ich kenne keinen Hund, der sich ein »Nest« baut. Ich kannte eine Dackelin, die verbrachte jeden Abend viel Zeit damit, ihre Schlafdecke so lange umherzuziehen und zurechtzuzupfen, bis sie offenbar der Meinung war, nun bequem zu liegen. Aber das hat mit der Geburt nichts zu tun. Zwischen »Graben« und »Scharren« ist für mich aber ein sehr großer Unterschied, handelt es sich bei ersterem doch um eine aktive Veränderung der Umwelt, die gezielt und einsichtig verläuft, beim letzterem um ein keineswegs zielgerichtetes und offensichtlich einsichtsloses Tun.

Nehmen wir aber an, daß jene 159 Züchterantworten darauf beruhen, beide Tätigkeiten in einen Topf zu werfen, so fragt man sich ernsthaft, wie viele von jenen Züchtern ihre Hündinnen wirklich beobachtet haben, wenn das von 159 nur 51 getan haben sollen! Für mich ist das in höchstem Maße unglaubwürdig. Ich halte es für denkbar, daß das Grab- und Scharrbedürfnis bei vielen Rassehunden weitgehend vermindert sein mag, bei einigen diese Antriebe tatsächlich durch Verlustmutationen verlorengegangen sind. Aber doch nicht bei 68 Prozent aller Hunde! Wie dem auch sei – nicht auszuschließen ist jedoch, daß tatsächlich ein Zusammenhang zwischen Graben und Scharren besteht.

Ein derartiger Zusammenhang kann erschlossen werden, wenn man an das geringe Scharrbedürfnis der erfolglosen Höhlenerbauerin Bara und das übermäßige Scharrbedürfnis der auf dem Filmtisch lebenden Dingohündin Sela denkt. Wir brauchen uns hier nicht auf diese beiden Extremfälle zu beschränken. Erst während der Niederschrift dieses Kapitels besuchten mich Freunde, die das Geburtsgeschehen bei ihrer Hündin gefilmt hatten. Ihre Hündin konnte im Garten graben, soviel sie wollte, ehe sie ein oder zwei Tage vor der Niederkunft ins Haus genommen worden ist. Sie hat gescharrt (im Film genau festgehalten), aber nicht übermäßig viel, nur so ein wenig, wobei sie zwei, drei Stunden vor der ersten Austreibung damit begann. Oder unsere eigenen Freilandbeobachtungen: Hündinnen, die sich eine Höhle gegraben hatten und in ihr verbleiben konnten, scharrten vor der Geburt nur ganz wenig, vielleicht etwas mehr als Bara. Die Hündinnen aber, die im Zimmer oder im Geburtenzwinger schon einige Tage vor dem Geburtstermin gelebt hatten (meist eine Woche oder mehr), zeigten ein stärkeres Scharrbedürfnis.

Nach allen eigenen Beobachtungen, die sich über fast 15 Jahre erstrecken, und solchen, die mir viele Freunde berichten konnten, ist es so, daß eine Hündin in der Regel vier bis sieben Tage vor der Geburt mit dem Höhlen- oder Lagerbau beginnt, auf keinen Fall früher, eher später. Da wir aber die zur Beobachtung vorgesehenen Hündinnen in der Regel schon sieben Tage zuvor in den Beobachtungsraum gebracht hatten, fehlte ihnen die Möglichkeit, ihr natürliches, angeborenes Lagerbauverhalten, das Höhlengraben, abzureagieren. Möglicherweise wurde dieses allen im Freien wölfenden Hündinnen eigene Triebverhalten überhaupt nicht ausgelöst, da es in so einem Geburtenzwinger oder Wohnraum keine Umweltstrukturen gibt, die den »angeborenen auslösenden Mechanismus« (kurz: AAM) in Gang setzen können.

Dennoch gibt es erbmäßig jene »Batterie«, die sich in dieser Zeit auflädt, um beim Auftreten entsprechender Reize – der Auslöser – die Hündin zum Höhlenbau zu aktivieren. Da die Auslöser fehlen, wird diese »Batterie« überladen, es kommt zu einem Triebstau, und wenn dann das hormonelle Geschehen der Eröffnungsphase den Gesamtorganismus physiologisch verändert, kommt es dann zu einer Art Dammbruch – die Batterie des Grabtriebes entlädt sich und führt zu zwanghaften Grabbewegungen, die sich nun eben als das hier gemeinte Scharren äußern. Die Verhaltensforschung kennt viele solcher Beispiele. Schon Sigmund Freud wußte, welch seltsame Ergebnisse Triebstauungen bewirken können.

Nach allen unseren Beobachtungen glaube ich sagen zu können, daß so ein Triebstau, der sich in Form des zwanghaften Scharrens entlädt, für die Hündin oder den Gebärvorgang unschädlich ist. Man könnte aber bedenken, daß das Wölfen an sich schon anstrengend genug ist. Wenn eine Hündin erst zwei Stunden vor der Geburt ihre körperlichen Kräfte diesem Zwangsscharren opfert, so könnte das vielleicht doch die Angelegenheit für sie noch schwieriger machen als notwendig. Praktische Nutzanwendung also für den, der seiner Hündin vor der Geburt alles bieten möchte: die Hündin die letzten vier oder fünf Tage möglichst viel im Freien lassen. Das geht natürlich nur da, wo sie einen ihr vertrauten Garten hat. Keine Hündin wird daran denken, irgendwo auf einem Spaziergang eine Höhle graben zu wollen. Höhlen gräbt sie nur am vertrauten Wohnort. Daß die Hündin trotz selbstgebauter Höhle sich am Ende doch entschließt, lieber im Haus zu wölfen, habe ich schon angedeutet. Ist auch besser so – in so einem Erdloch kann man ihr schlecht Gesellschaft leisten. Der Wolfsforscher Markus Zeidler hatte in zehnjähriger Forschungsarbeit bei seinen Wölfen festgestellt, daß ein zweieinhalb Meter langer schmaler Gang zum Kessel führt. Für einen Erwachsenen sicher kaum zu bewältigen (siehe »Meine wilden Freunde«, Seite 153 unten).

Wer seiner vor der Geburt stehenden Hündin keinen Hausgarten bieten kann, der muß eben damit rechnen, daß sie viel scharren wird. Wie gesagt – es ist möglich, daß dieser Trieb bei manchen unserer Rassehunde nicht mehr so stark ausgeprägt ist. So möchte ich anregen, mehr darauf zu achten und solche Beobachtungen zu sammeln. Jeder, der die Zeit hat, einige Stunden der vor dem Wölfen stehenden Hündin Gesellschaft zu leisten, kann hier ganz wichtige Daten liefern. Vor allem bei Hündinnen, die keine Gelegenheit zum Höhlengraben hatten. Die Arbeit ist ganz einfach: Notizblock und Uhr sind das ganze Instrumentarium, das hierzu benötigt wird. Man braucht nur Beginn und Ende jeder Scharrphase zu protokollieren. Es kommt dabei nicht auf eine halbe Sekunde an. Forschung ohne Genauigkeit ist nicht denkbar – aber man muß es nicht unbedingt übertreiben! Ganz bewußt möchte ich hier an dieser Stelle keine Scharrzeiten aus meinen Protokollen wiedergeben, da sie fast durchwegs Dingos aus unterschiedlichen Inzestzuchten betreffen. Diese Daten sind für mich und andere so lange uninteressant, solange nicht wenigstens drei Dutzend Hundefreunde sorgfältig aufgezeichnete Daten von ihren Teckeln, Möpsen, Schäferhunden, Dobermännern, Bernhardinern oder anderen Rassen festhalten und mit mir vergleichen. Das wäre eine wertvolle Forschungshilfe. Nochmals – es müßte sich da um Hunde handeln, die mindestens acht Tage vor dem Wölfen keine Gelegenheit gehabt hatten, im Freien zu graben.

Die Merkmale der Eröffnungsphase

In der schon erwähnten Tabelle über die »Vorzeichen der herannahenden Geburt« (Cornelis Naaktgeboren, 1971) sind ganze 31 Vorzeichen aufgeführt. Zwei von ihnen habe ich zuvor erwähnt. Die restlichen 29 lassen sich allerdings nur zum Teil auf die normalerweise zwei Stunden währende Eröffnungsphase begrenzen. Es sind hier viele Vorzeichen angeführt, die schon weit früher, das heißt bis zu zwei Wochen vor der Geburt, beobachtet werden können. Sie haben vor allem dann Bedeutung, wenn man sich nicht ganz sicher ist, ob eine Hündin erfolgreich gedeckt worden ist oder nicht. Wer Zweifel haben sollte, tut gut daran, etwa 30 bis 35 Tage nach der Bedeckung mit seiner Hündin zum Tierarzt zu gehen, falls er keine eigenen Erfahrungen hat. Mir erscheint es jedoch viel wichtiger, zu wissen, wann es voraussichtlich soweit sein wird.

Da ich voraussetzen darf, daß jeder Leser dieses Buches größten Wert darauf legt, auch ganz dabei zu sein, kann ich mich auf die Anzeichen der Eröffnungsphase beschränken, denn von dem Moment an, wo sie erstmals auftreten, kann es höchstens noch drei Stunden dauern. Bei Hündinnen, die schon einmal gewölft haben, gewöhnlich nur noch zwei Stunden.

Um meinen Lesern den Vergleich zu ermöglichen, will ich mich an die erwähnte Tabelle halten und jene hier in Frage kommenden Vorzeichen herausgreifen, freilich nicht ohne Anmerkungen, die ich für notwendig halte. »Verminderte Freßlust«, die bei 37,1 Prozent aller 159 Hündinnen teilweise schon eine Woche vor der Geburt beobachtet worden ist, bei anderen erst drei Stunden vor der Geburt, konnte ich nicht beobachten. Alle meine Hündinnen nahmen bis zu 24 Stunden vor der Geburt ganz normal ihr Futter auf, manche auch noch länger. Danach aber – und vor allem in der Eröffnungsphase – fraßen sie überhaupt nichts mehr, was immer man ihnen angeboten hat. Also keine »verminderte«, sondern überhaupt keine Freßlust mehr, oder, besser gesagt: Nahrungsverweigerung. Für uns jedenfalls war es

immer das untrüglichste Zeichen dafür, daß es nicht mehr lange dauern würde, wenn die Hündin jede Nahrungsaufnahme verweigerte.
»Schleim- und/oder Blutverlust«. Das hat sich bei 34,6 Prozent aller Hündinnen gezeigt, zum Teil schon vier Wochen vorher, zum Teil eine Minute vorher. Für mich stimmt da schon wieder einiges nicht. Eine Minute vor der ersten Austreibung kann Fruchtwasser abgehen, was bedeutet, daß die Fruchtblase beim Vordringen in den Geburtskanal geplatzt ist. Das kommt häufig bei der ersten Austreibung vor, gelegentlich auch bei späteren. Leicht erklärlich, denn trotz Eröffnungsphase ist halt der Kanal noch ein wenig eng, weswegen die Fruchtblase aufplatzt. Wenn es bei der dritten oder einer späteren Austreibung auch passiert, kann man damit rechnen, daß es ein ganz prächtiger Welpe wird, der es einfach nicht mehr erwarten konnte und derart gestrampelt hat, daß er die Fruchtblase aufriß. Ihn sollte man gleich mit einem Silberpokal empfangen!
Schleim- oder Blutverlust in der vierten Woche vor der Geburt würde mich sehr bedenklich stimmen – da würde ich einen Tierarzt konsultieren, weil ich davon nichts verstehe ...
Was aber ganz normal ist – zu Beginn oder erst während der Eröffnungsphase kommt es fast regelmäßig zu Flüssigkeitsabsonderungen, häufig mit ein wenig Blut vermischt. Das hängt nun einmal mit dem physiologischen Geschehen im Mutterleib zusammen und ist kein Gefahrenzeichen. Wenn eine Hündin solche Absonderungen hat, ist es in Ordnung, insbesondere dann, wenn sie es auch beseitigt (sprich: aufleckt) und sich danach wieder zur Ruhe legt. Bis zum Eintritt der ersten Austreibung kann es dann ohne weiteres noch zwei bis drei Stunden dauern. Ich weiß von einem Fall, bei dem ein Tierarzt konsultiert wurde. Möglicherweise hatte man ihn falsch informiert, denn er gab eine Wehenspritze – was er sicherlich nicht getan hätte, wenn die besorgten und völlig unerfahrenen Betreuer die Sache nicht falsch interpretiert hätten. Natürlich kann eine unnötige Wehenspritze nicht schaden – aber man sollte doch nicht nervöser sein als die Hündin selbst!

»Hecheln, rasche Atmung« – das ist ein untrügliches Zeichen für die

Eröffnungsphase! Meiner Erfahrung nach eines der ersten Anzeichen überhaupt. Wie das Scharren, das ja sicherlich auch durch die körperliche Anstrengung, mit der es verbunden ist, zu dieser Atmungsbeschleunigung beiträgt. Übrigens haben das laut Tabelle nur 30,8 Prozent aller Hündinnen gezeigt. Ich frage mich wirklich, was die Fragebogenaktion des zitierten Geburtenforschers an Wahrheitsgehalt birgt! Mir kommen da starke Zweifel.

»Sinken der Körpertemperatur« – das kann mitunter schon viel früher auftreten und ist keineswegs ein sicheres Zeichen für die Eröffnungsphase. Ich zitiere hier Cornelis Naaktgeboren, weil sich seine Angaben voll und ganz mit meinen diesbezüglichen Erfahrungen decken: »Das Abfallen der Temperatur schwankt zwischen 1,5 und 2 Grad Celsius, oft weniger, selten auch mehr. In einem Fall sank die Temperatur der Hündin sogar auf 35,1 Grad Celsius. In den meisten Fällen sinkt sie nicht tiefer als auf 36,5 Grad Celsius, bei einzelnen Hündinnen nur auf 37,5 Grad Celsius. Solche Differenzen können nur schlecht als Anhaltspunkte für die bevorstehende Geburt gewertet werden, weil die Körpertemperatur normalerweise in bestimmten Grenzen schwankt.« (Seite 55 l. c.) Die Normaltemperatur eines Hundes liegt bei 38 bis 38,5 Grad Celsius. Trotzdem würde ich mich freuen, wenn sich möglichst viele Hundefreunde an Temperaturmessungen beteiligen würden (mit einem normalen Fieberthermometer, der Hündin in den After gesteckt). Irgendeinen Grund muß es doch haben, daß es einmal mehr, einmal weniger zu solchen Temperaturabsenkungen kommt. Gelegentlich früher oder auch später. Ich denke, wenn man alle anderen Umstände auch berücksichtigt und mit den Temperaturkurven vergleicht, sollten sich doch bestimmte Zusammenhänge erarbeiten lassen. Ich bringe auf Seite 55 eine solche Temperaturmessung, die die Familie Weßling bei einer Mopshündin, die ganz normal gewölft hatte, vorgenommen hat. Ich tue das absichtlich, um zu sagen: ganz genauso kann es auch bei Wildhunden sein!

»Aufheulen und/oder Winseln«. Das ist ein Thema, das man nicht so einfach durch Ankreuzen eines Fragebogens klären kann. Hündinnen winseln gern einige Zeit vor der Geburt, wenn man sie allein läßt, und sie können auch aufheulen, wenn die ersten Preßwehen einsetzen, vor allem dann, wenn es sich um eine Erstgeburt handelt. Wenn letzteres erst zwei Minuten vor der ersten Austreibung zu hören ist, liegt der Fall klar – das hat nichts mehr mit der Eröffnungsphase zu tun. Wenn es, wie in der Tabelle angegeben, schon vier Tage vorher zu hören ist, kommen mir starke Zweifel, ob das überhaupt mit dem Geburtsgeschehen etwas zu tun hat. Bei mir heulen auch Rüden gelegentlich auf, weil sie schlecht geträumt haben. Wenn man dann aus solchen Angaben einen »Mittelwert« von zehn Stunden errechnet, frage ich mich, ob das irgend etwas mit Forschung zu tun haben kann. Ein Mittelwert, der aus den Angaben für 34 Hündinnen errechnet worden ist...

Meinen Beobachtungen nach gibt es auch unter Dingos Hündinnen, die ganz betont Winseln und Aufheulen hören ließen, aber jedesmal sehr gezielt an den jeweiligen Betreuer adressiert. Ich jedenfalls hatte dabei immer den Eindruck, daß es sich hier um ein akustisch dargebrachtes Kontaktbedürfnis gehandelt hat. Bei Hündinnen, die im Freien geworfen haben, hörten wir so etwas nie. In diesen Situationen war es jedesmal so, daß die Hündinnen nicht wissen konnten, daß wir lauschten. Kontaktfreudige Hündinnen jedoch (und von ihnen wiederum nur zwei oder drei) machten ganz gern so ein wenig »Theater«, wie wir das nannten. Das mag herzlos erscheinen – aber wir kennen unsere Pappenheimer und wissen, daß auch ein Hund mit gesunder Pfote erbärmlich hinken kann, wenn er sich Vorteile davon verspricht. Uns legt so schnell kein Hund herein! Es erinnert jenes bei Dingos bis zum Schreien ausartende Gehabe sehr an kleine Kinder, die zwischen den Tränen schielen, wie weit sie die Alten damit gebracht haben. Zeigt es keine Wirkung, versuchen sie es entweder lautstärker – oder sie geben auf, je nach der Situation.

Damit will ich keineswegs ausschließen, daß vor allem eine erstgebärende Hündin in ihrer Verunsicherung Angstschreie ausstößt oder durch Winseln den Betreuer heranlockt, wie das ein Welpe auch tut. An Schmerzen glaube ich deswegen nicht, weil ein Hund, der durch schwere Verletzungen zum Beispiel zweifelsohne Schmerzen haben muß, sich sehr ruhig, fast apathisch verhält. Eine Hündin aber, die nicht weiß, was auf sie nun zukommt, und nervös umhertritt und umherdreht, schreit nur angstvoll auf. Angstschreie sind aber ganz normale, auf den Artgenossen gemünzte Warnlaute, die ihn entweder zur Flucht antreiben oder, je nach dem Grad des Sozialverhaltens, zur Hilfeleistung herbeiholen.

Es ist völlig klar, daß wir es hier mit individuellen, situationsbedingten Dingen zu tun haben, die sich nicht verallgemeinern lassen und schon gar nicht in Mittelwerten dokumentierbar sind.

»Milch in den Zitzen« – etwas, das sich durch leichtes Drücken mit Daumen und Zeigefinger nachprüfen läßt. Wie in der Tabelle angegeben, kann das schon eine Woche vor der Geburt sein (in wenigen Ausnahmefällen schon etwas früher) oder erst 15 Minuten zuvor. Bei sehr vielen Hündinnen tritt das »Einschießen« der Milch zeitlich ziemlich genau mit dem Beginn der Eröffnungsphase ein, also etwa zwei Stunden vor der Geburt. Fälle, in denen das erst 15 Minuten vorher sein soll, sind mir nicht bekannt, aber es ist denkbar; freilich könnte das darauf hinweisen, daß es sich hier um eine Unterfunktion des hormonalen Systems handelt. Mich jedenfalls würde derartiges bedenklich stimmen. Hierzu habe ich ein Beispiel: Eine schwächliche Mischlingshündin hatte bis zur Geburt eine kaum nennenswerte Milchproduktion aufgewiesen. Sie brachte drei Welpen, zum richtigen Termin, voll ausgetragen – aber tot.

»Häufiges Urinieren«, beobachtet von einer Woche bis zu einer so kurzen Zeit wie eineinhalb Stunden vor der Geburt. Hierzu kann ich nur sagen, daß ich keine Hündin kenne, die erst so kurz vor der Geburt mit dem häufigen Wasserlassen begann. Normalerweise geschieht das schon viel früher und währt bis zum Eintritt der Eröffnungsphase, während der die Blase dann völlig entleert ist. Nur zu deren Beginn kann es schon noch ein- oder zweimal vorkommen, in der letzten Stunde vor der Geburt aber bestimmt nicht mehr.

Das »Schutzsuchen beim Herrchen« sollen nur 24 Hündinnen gezeigt haben – da wäre doch eine Analyse des Verhältnisses zwischen Hund und Herrn ungemein interessant; ebenso seltsam erscheint mir eine

Hündin, die, wie aus der Tabelle ersichtlich, schon zwei Tage vorher so ein auffallendes Schutzbedürfnis erkennen läßt. Da ich über das Kontaktbedürfnis der Hündin vor der Geburt schon einiges erzählt habe, erspare ich mir weiteres und verweise auf die betreffenden Abbildungen zu diesem Thema.

»Einfallen am Kreuz« soll schon eine Woche vorher vorkommen, was mir stark übertrieben erscheint – es sei denn, der ganze Bandapparat der Hündin ist schwächlich ausgebildet. Beim Menschen spricht man da von schwachen »Mutterbändern«. Natürlich sind diese Traggurte von der Natur nicht für übergroße Welpenzahlen eingerichtet – daß sie bei einer Dogge mit 20 Welpen im Bauch schon früher nachgeben als üblich, ist verständlich. Jedenfalls ist beides recht unerfreulich! Normal hingegen ist, wenn das Herabsinken der Früchte zur Geburtslage schon einen Tag vor der Geburt zu beobachten und schon vor Beginn der Eröffnungsphase abgeschlossen ist.

Das an der »Vulva lecken« ist nur dann als Merkmal der Eröffnungsphase anzusehen, wenn es sehr häufig auftritt. Gelegentlich beleckt die Hündin aus den verschiedensten Anlässen ihre Vulva, was nichts zu bedeuten hat. Wieder kann ich nur den Kopf schütteln, wenn es nur 22 der 159 Hündinnen getan haben sollen, und dabei die eine oder andere gerade eine Minute vor der Geburt! Wie ein Forscher solche Angaben ernst nehmen kann, verstehe ich nicht. Jede normale Hündin leckt an jener Stelle immer wieder, und zwar in zunehmender Häufigkeit bis zum Eintritt der ersten Austreibung.

Ein »Erbrechen«, das mit der Geburtseinleitung in Zusammenhang stehen soll, ist mir unbekannt. Alle Hunde erbrechen gelegentlich oder würgen zu hastig aufgenommenes Futter wieder hervor, um es dann genüßlich in einem stillen Winkel aufs neue zu verzehren. Wenn das schon zwei Wochen vorher beobachtet wurde, dann hat das mit Sicherheit nichts mit der Geburt zu tun. Wohl mag es vorkommen, daß eine Hündin mehr oder weniger von der Eröffnungsphase überrascht wird, zuvor noch zuviel Nahrung aufgenommen hat und diese nun von sich gibt. Viele Hündinnen neigen dazu, beim Wurflager Nahrungsvorräte zu horten. Es kann sein, daß der Transport

im Magen erfolgt und dann vorgewürgt wird, um als Reserve zu dienen.
Die Beobachtung, nach der ein »träges Verhalten« als Vorzeichen der Geburt gedeutet werden kann, mag für manche Hündinnen zutreffen – zumindest tritt ein erhöhtes Ruhebedürfnis auf, das aber zu Beginn der Eröffnungsphase von der schon erwähnten Unruhe abgelöst wird.
»Bewegungen der Jungen« sind schon drei Wochen vor der Geburt beobachtet worden, gelegentlich wurden sie erst einen Tag vorher bemerkt.
Durch sanftes Handauflegen läßt sich das am einfachsten feststellen, man muß aber meist viel Geduld haben, da sich die Ungeborenen manchmal sehr lange Zeit nicht bewegen, um sich dann einmal kurz zu krümmen oder zu wenden, und anschließend ist wieder längere Zeit Ruhe. Sicherlich bewegen sie sich schon drei Wochen vorher, aber um es zu dieser Zeit mit Sicherheit feststellen zu können, bedarf es einmal einer sehr dünnhäutigen und dünnfelligen Hündin, zum anderen eines besonderen Feingefühls. Gut beobachten läßt es sich am Tage der Geburt – da erkennt man es auch ohne Handauflegen. Das ist die Zeit, in der die Früchte herabgesunken sind und die Bauchhaut entsprechend gedehnt ist.
Bei der Gelegenheit möchte ich sehr nachdrücklich davor warnen, an der tragenden Hündin herumzudrücken. Manche Leute glauben sogar, sie könnten so die Welpen zählen! So kann man die Welpen ganz bestimmt nicht abzählen, wohl aber Welpen und Hündin einen nicht mehr gutzumachenden Schaden zufügen. Unschädlich ist es dagegen, ein oder zwei Tage vor der Geburt eine Röntgenaufnahme anfertigen zu lassen, da die Welpen voll ausgereift und die mütterlichen Keimdrüsen ungefährdet sind. Das Abtasten der Hündin aber sollte man dem Tierarzt überlassen, er kennt sich da besser aus.
»Zittern, Schaudern« kommt gelegentlich vor, wohl am häufigsten noch in der Eröffnungsphase. Wahrscheinlich hängt es mit den am Tag der Geburt lebhafter gewordenen Bewegungen der Welpen zusammen, die die Hündin zu solchen krampfhaften Reaktionen veranlassen.

Das »Runddrehen im Nest« – oder sagen wir lieber: Wurflager – ist eine ganz typische Verhaltensweise während der Eröffnungsphase. Wenn das, wie die Tabelle angibt, schon zwei Tage vorher gesehen worden ist, muß es sich um etwas anderes gehandelt haben. Runddrehen tut sich jeder Hund gern am Schlafplatz, ehe er sich hinlegt. Das sieht aber etwas anders aus als jenes Runddrehen im Wurflager, das ja zwei Stunden vor Geburtsbeginn nicht mehr ohne triftigen Grund verlassen wird und bei dem man eine recht verkrampfte Haltung der Hündin beobachten kann. Im Ausdruck des Gesichtes zeigt sich eine ähnliche Starrheit wie beim zwanghaften Scharren.

Ein »dünner Stuhlgang« wurde nur bei sieben Hündinnen gesehen, wobei eine einzige Angabe über die Zeit vor der Geburt existiert, nämlich zwei Tage. Jede Hündin entleert sich spätestens zwei Stunden vor der Geburt, meist schon viel früher, nämlich zwölf Stunden davor. Dieser Stuhlgang ist in der Regel sehr weich, häufig auch sehr dünn und dunkel bis schwärzlich. Zuvor schon verweigert die Hündin jede Nahrung, trinkt aber viel.

»Anschwellen der Vulva« soll schon zweieinhalb Wochen vorher auftreten, spätestens einen Tag zuvor. Letzteres darf wohl als Regelfall angesehen werden.

»Intensive Schluckbewegungen« sind wieder ein sehr typisches Merkmal für die Eröffnungsphase und lösen stets die Hechelperioden ab, von denen schon gesprochen worden ist.

Der »Haarausfall am Bauch«, der mit vier bis fünf Tagen vor der Geburt angeführt wird, ist natürlich kein Anzeiger für die Geburtseinleitung, aber er hängt wohl mit dem Anschwellen des Gesäuges zusammen. Bei kurzhaarigen Hündinnen ist mir das noch nicht aufgefallen und dürfte auch kaum als Regelfall zu bewerten sein.

Die »Krümmung des Schwanzes« ist in der Tabelle zwar angegeben und soll bei fünf Hündinnen 30 Minuten vor der Geburt beobachtet worden sein – ist aber mit Sicherheit kein Anzeichen für die Eröffnungsphase, sondern bereits Bestandteil der Austreibungsphase, verbunden mit dem ersten Auftreten der Preßwehen. Die ersten

Preßwehen müssen nicht gleich zur Austreibung führen, sondern helfen sicher mit, den ersten Welpen in die richtige Geburtsstellung zu bringen. Häufig kann jetzt Fruchtwasser hervorkommen, das von der Hündin aufgeleckt wird, worauf nochmals eine kurze Ruhepause bis zum ersten Welpenaustritt folgen kann.
Keine Zeitangaben finden sich dagegen bei dem Vorzeichen »Nicht hinaus wollen«. Mir erscheint das wichtig, denn schon kurz vor der Eröffnungsphase fühlt sich die Hündin an das Wurflager gebunden. Solange sich eine Hündin von diesem weglocken läßt – durch Rufen oder den Anblick der Leine –, weiß man, daß die Geburt noch länger auf sich warten läßt. Hebt sie nur den Kopf, verläßt das Wurflager nicht mehr oder winselt vielleicht auch – dann weiß man, daß nun die Eröffnungsphase einsetzt bzw. vielleicht schon eingesetzt hat. Diese Lagerbindung ist das sicherste Kennzeichen hierfür. Wir haben es schon erlebt, daß eine Hündin zwar herankam, kurz die Hand leckte, dann aber kehrtmachte, um möglichst schnell das Lager wieder aufzusuchen. Noch drastischer zeigt das dann eine Hündin, die zwar aus dem Lager kommt, aber nur einige wenige Schritte auf den Rufer zugeht, um, wie von unsichtbarer Gewalt gezogen, wieder ins Lager zurückzukehren. Das ist auch der Zeitpunkt, ab dem sich jeder neben seine Hündin setzen wird, um sie nicht allein zu lassen! Er kann sich jetzt die Zeit damit vertreiben, nachzuprüfen, ob das alles wahr ist, was in diesem Buch steht...
»Viel trinken« ist eine vage Angabe, die auch nur bei zwei Hündinnen beobachtet worden ist. Das mag von der Raumtemperatur abhängen oder anderen Faktoren – mir ist es kurz vor der Geburtseinleitung nie aufgefallen. Man sollte dennoch auf jeden Fall dafür sorgen, daß die Hündin Wasser in erreichbarer Nähe hat, also so trinken kann, daß sie das Wurflager nicht zu verlassen braucht.
»Veränderter Ausdruck der Augen.« Wie wenig die Leute beobachten, zeigt die Tatsache, daß es bei 159 Hündinnen ganze zweimal beobachtet worden ist, dazu noch ohne Zeitangaben. Ein wahrhaft trauriges Resultat, das wohl mehr als deutlich besagt, was man von der wissenschaftlichen Auswertung einer Fragebogenerhebung zu halten

hat. So kann ich nur hoffen, daß meine Photos dazu beitragen können, hiervon eine Vorstellung zu vermitteln. Sicherlich wird man es bei einer fremden Hündin nicht so klar erkennen, wie sich der Augenausdruck verändert. Aber sollten 157 Züchter ihre Hündinnen so wenig kennen, daß sie hierüber keine Angaben machen konnten? Das stimmt mich traurig.

Im Vorstehenden sind nun längerfristige Vorzeichen der Geburt mit den Anzeichen der Eröffnungsphase ziemlich durcheinandergeworfen. Während jene recht unterschiedliche Fristen aufweisen können, beschränken sich diese auf einen Zeitraum von rund zwei Stunden bei einer Schwankungsbreite zwischen einer und drei Stunden. Es mag hier genügen, die typischen Merkmale der Eröffnungsphase einfach aufzulisten:

1. Zunehmende Unruhe
2. Aufsuchen des Lagers
3. Lagerbindung
4. Zunehmend häufigeres Belecken der Vulva
5. Vulva-Ausscheidung
6. Belecken des Lagerbodens
7. Raschere Atmung
8. Unsicherer Ausdruck
9. Häufiges Aufstehen und Wiederhinlegen
10. Umherdrehen
11. Häufiges Zurückwenden
12. Zeitweiliges Hecheln
13. Abwesender Blick
14. Geringe Ansprechbarkeit
15. Krampfhaftes Scharren
16. Intensive Schluckbewegungen
17. Zittern
18. Vorwehen
19. Andrücken der Ellenbogen beim Sitzen
20. Winseln (Schutzbedürfnis)

Die Merkmale 4 bis 20 sind willkürlich aneinandergereiht. So können es erste Vorwehen sein, die die Hündin veranlassen, das Wurflager aufzusuchen, und sie kann auch jetzt schon das schutzheischende Winseln hören lassen. Man sollte zu dem Zeitpunkt öfter die Temperatur messen. Sie schwankt tageszeitlich, bleibt aber zunächst meist unter 37 Grad Celsius, um beim Einsetzen der Geburt sprunghaft auf bis zu 39 Grad Celsius anzusteigen. Da es diesbezüglich aber große individuelle Unterschiede gibt, wäre ein weiteres Sammeln solcher Daten hilfreich, vor allem, wenn äußere Umstände (insbesondere Raumtemperatur) und Gesamtverlauf von Eröffnungsphase und Austreibungsphase mitberücksichtigt werden.

Temperaturtabelle der Mopshündin Tilli

61. Tag		62. Tag nach dem Decken	
Uhrzeit	Temperatur	Uhrzeit	Temperatur
9^{50}	37,6° C	9^{20}	36,7° C
11^{40}	37,6° C	10^{20}	36,9° C
13^{00}	37,2° C	11^{20}	36,8° C
14^{00}	37,2° C	13^{00}	36,9° C
15^{30}	37,1° C	14^{30}	36,8° C
16^{40}	37,3° C	15^{00}	erste Austreibung
18^{30}	37,2° C		
20^{00}	37,2° C		
22^{30}	37,3° C		

(Daten nach einer schriftlichen Mitteilung von Frau Inge Wessling, Köln) – Stärkere Temperaturunterschiede (siehe Seite 47) weisen möglicherweise auf ein gestörtes Wohlbefinden der Hündin hin.

Die Wehen

Wehen können schon während der Eröffnungsphase eintreten, sind aber unauffälliger als die eigentlichen Preßwehen, die die Austreibungen vorbereiten und begleiten. Bei jenen Vorwehen wird die Rute noch nicht oder nur andeutungsweise weggekrümmt, die Hündin versucht auch nicht, sich irgendwo anzustemmen.

Da die Vorwehen der Eröffnungsphase meist nicht so deutlich zu sehen sind, sollte man sich auf sie konzentrieren: Treten sie auf, dann haben wir die Gewißheit, daß wir eine glatt verlaufende Geburt vor uns haben; gibt es überhaupt keine Anzeichen für sie, während andere Merkmale dieses Zeitabschnitts deutlich erkennbar sind, sollten wir vorsichtshalber den Tierarzt anrufen und erst einmal nachfragen, ob er zu Hause sein wird, falls man ihn brauchen sollte. Ihn benötigen wir dann möglicherweise, wenn sich die Eröffnungsphase ohne Wehenanzeichen mehr als drei Stunden lang hinzieht.

Nachstehend will ich versuchen, das Geschehen zu erläutern, das man als Wehen bezeichnet, damit man sich richtig vorstellen kann, was dabei im Leib der Hündin vor sich geht. Das kann einem helfen, die Wehen der Hündin zu erkennen. Was uns dabei allein interessiert, ist der Uterus, auch Gebärmutter genannt, der über den Gebärmutterhals in die Scheide führt. Die Welpen liegen zunächst nicht in der Gebärmutter, sondern in deren schlauchförmigen Fortsätzen, den sogenannten Uterushörnern. Bei der Geburt geht es nun darum, die einzelnen Fruchtblasen nacheinander aus den Hörnern in den Uterus zu bringen. Sie rutschen da nicht so ganz von selber hinein und aus diesem wieder durch den nach außen führenden Geburtskanal (Scheide, Vulva) hinaus. Hier muß ein besonderer Mechanisums nachhelfen, der vorbereitend schon während der Eröffnungsphase in Gang tritt. Dafür sind ausschließlich Hormone verantwortlich, in erster Linie das Oxytocin.

Nerven sind daran nicht beteiligt – das weiß man aus der Humanmedizin, möglicherweise auch aus Tierversuchen. Jedenfalls hat es sich

gezeigt, daß sogar querschnittsgelähmte Frauen, bei denen also alle motorischen Nervenleitungen abgetrennt sind, dennoch völlig normal gebären können.
Um die Früchte in den Uterushörnern und danach im Uteruskörper vorwärtsschieben zu können, müssen sich diese schlauchförmigen Organe jeweils hinter der Frucht zusammenziehen können. Mit jedem Zusammenziehen wird die Frucht ein Stückchen weitergeschoben. Diese Arbeit leisten nicht die üblichen Muskelfasern, die wir zur körperlichen Arbeit oder zur Fortbewegung willkürlich betätigen können. Solche Muskeln bestehen aus Fasern, die unter dem Mikroskop quergestreift erscheinen. Die Uterusmuskulatur hingegen zeigt diese Querstreifung nicht, weswegen man von »glatten Muskelfasern« spricht. Es gibt sie auch im übrigen Eingeweidesystem. Sie sind im Gegensatz zu den ersteren nicht mit motorischen Nerven verbunden, sondern arbeiten unter anderen Einflüssen völlig autonom. Wir können sie willensmäßig nicht beeinflussen. Untereinander sind sie ebenfalls nicht durch Nerven verbunden, sondern geben die Bewegungsreize unmittelbar einander weiter. Wehenimpulse werden auf diesem Wege (zumindest beim Menschen) innerhalb einer Sekunde 20 bis 50 Millimeter weit geleitet. Außerdem arbeiten diese glatten Muskeln im oberen (also dem Körperinneren zugewandten) Teil des Uterus viel kräftiger als die des Gebärmutterhalses.
Normalerweise sind die Uterusmuskeln sehr schwach und wenig kontraktil, das heißt, sie können sich nur geringfügig zusammenziehen – etwa siebenmal weniger als ein quergestreifter Muskel. Das ändert sich aber während der Tragzeit. Bei der Geburt sind sie mindestens doppelt so leistungsfähig wie zuvor. Das kommt dadurch zustande, daß sich ein für die Zusammenziehbarkeit der Muskelfasern wesentlich verantwortlicher Eiweißstoff, das Aktomyosin, im Verlauf der Gravidität besonders stark anreichert. Nach der Geburt wird er wieder weitgehend abgebaut.
Wo aber liegen die Zentren, von denen die Impulse für die glatten Muskeln ausgehen? Hierüber ist sich die Forschung offenbar noch nicht einig. So nehmen manche an, sie liegen in der Gegend, in der der

Eileiter in das Horn einmündet. Andere meinen, sie gingen vom Halsteil des Uterus aus. Wahrscheinlich ist, daß es mehrere solcher Zentren gibt, die als »Schrittmacher« fungieren und die sich in bestimmter Weise wechselseitig ablösen.
Letzteres ist gut vorstellbar. Nehmen wir an, ein Fötus ist in die Gebärmutter gelangt. Nun kann der nächste nachgeschoben werden, dann der übernächste und so fort, bis der letzte aus jedem Uterushorn durch die Gebärmutter gegangen ist. Hierzu bedarf es eines sehr sorgsam aufeinander abgestimmten Zusammenspiels zahlreicher Kontraktionen. Es geht auch nicht, daß das linke Horn einen Fötus in den Uteruskörper schiebt, wenn gerade einer vom rechten Horn dort eintritt.
An sich haben wir also ein völlig autonomes System vor uns, von dessen Arbeit wir nichts sehen können. Auch die Hündin hat darauf keinen Einfluß. Dennoch sehen wir die Arbeit dieses Systems, da sie von gleichsinnig verlaufenden Kontraktionen der Bauchdeckenmuskulatur begleitet wird. Die Bauchhaut wird durch diese wellenförmig von vorn nach hinten verlaufenden Muskelkontraktionen mitbewegt, wodurch wir das Geschehen gewissermaßen nach außen projiziert erkennen können.
Die Wehen zur Zeit der Eröffnungsphase dienen wohl dazu, die einzelnen Fruchtblasen näher an den Uteruskörper heranzubringen, sie sozusagen in eine abrufbereite Position zu schieben. Sie sind daher nicht so deutlich erkennbar wie die der Austreibung dienenden Preßwehen, bei denen die Bauchmuskeln noch viel stärker mitarbeiten.
Es gibt noch ein weiteres Merkmal für die einsetzende Wehentätigkeit. Die Hündin krümmt nämlich bei jeder Wehe den Rücken auf, macht also eine Art Buckel. Auch das ist natürlich bei den Preßwehen noch viel deutlicher zu sehen als bei den Vorwehen. Das schon erwähnte auffallende Schlucken kann man dann häufig nach dem Abklingen einer Wehe beobachten.
Das dürfte genügen, um die Aufmerksamkeit des Züchters auf das Auftreten der ersten Wehen zu konzentrieren. Schließlich sind sie es,

die über das Wohl und Wehe einer Geburt entscheiden. Zur besseren Vorstellung der Wehentätigkeit betrachte man die beigefügten Filmbilder – sie zeigen, daß man schon sehr genau hinsehen muß, sie geben aber auch Auskunft darüber, wie lange eine solche Wehe dauert.

Die Austreibungsphase

Wann sie genau beginnt, kann man eigentlich gar nicht sagen, da es schon am Ende der Eröffnungsphase zu Preßwehen kommt, bei denen die Rute abgestellt wird, worauf wieder eine Pause folgt. Wahrscheinlich wird zu diesem Zeitpunkt der erste Welpe zunächst einmal in den Uterus geschoben, ehe die eigentliche Austreibung mit zwei oder drei zügig aufeinanderfolgenden Preßwehen erfolgt, bei denen der Welpe im Geburtskanal erscheint, um nun ganz schnell herausgedrückt zu werden. Auch das wird hier im Film vorgeführt, wobei wieder das gegebene Zeitmaß besonders interessant ist. Es sei dazugesagt, daß es auch noch wesentlich schneller gehen kann, so schnell, daß man es in Zeitlupe filmen müßte, um den Vorgang in genügend viele Einzelbilder zerlegen zu können. Vielfach habe ich den Austritt der Frucht nicht mit dem Photoapparat festhalten können, weil der Welpe schon draußen war, ehe ich auf das Knöpfchen drücken konnte. Da die Filmbilder und Photos weiterhin alles über dieses Thema aussagen, möchte ich mich nun auf einige andere Einzelheiten der Austreibungsphase beschränken.

Vor allem möchte ich an dieser Stelle ein wenig über das Verhalten der Hündinnen während der Geburt gegenüber dem Menschen und dem Rüden berichten, schon deswegen, weil hier bisweilen Unklarheiten weit verbreitet sind.

Man darf eine Hündin beim Gebären nicht stören, hört man immer wieder sagen. Daß sie zumindest den Betreuer gern dabei hat, sich aber auch durch fremde Menschen nicht stören läßt, darüber habe ich schon oft durch Erfahrungen an unterschiedlichen Hündinnen berichtet. Auch der Film, den ich zu diesem Thema gemacht habe, beweist das klar und deutlich – wie wären sonst die meisterhaften Aufnahmen von Peter Dolpp entstanden, wie die von Wolfgang Arendts oder meine unzähligen Photos?

Eine Hündin dreht sich in der Austreibungsphase häufig im Kreis herum. Natürlich kommt es dann auch vor, daß sie mit dem Rücken zum Betrachter liegt. Also muß man was tun, denn es ist nicht ganz unwichtig, das Austreten der Frucht zu beobachten – nicht nur, wenn man photographieren oder einen Film drehen will, sondern weil es auch zur Beurteilung des Geburtsverlaufes notwendig ist.

Es ist sehr leicht getan. Die Hündin anerkennt in dieser Stunde unser Interesse an dem Geschehen. Dem Rüden erlaubt sie ein Dabeisein nur in Ausnahmefällen. Er darf dann sogar helfen, das Neugeborene trockenzulecken. Das zu sehen und sogar aufzunehmen ist mir allerdings nur einmal gelungen – es dürfte eine sehr seltene Ausnahme sein. Nicht ganz so selten ist die Ausnahme, daß ein Mensch nicht hinlangen darf. Das kenne ich auch nur von einer einzigen, mir sonst treu ergebenen, Hündin und von ihrer Mutter. Die allerdings war eine aus Ostasien stammende Wölfin, die menschenscheu und vermutlich auch sonst kontaktgestört war. Das war diejenige, die Sohn und Mitarbeiter Dietmar ein kleines Stückchen Finger abgebissen hat. Womit sie bewiesen hat, daß sie verhaltensgestört war.

Wieso ihre Tochter, die von klein auf im Hause aufgewachsen ist, bei der Geburt niemand leiden kann und sogar verbietet, daß man sich ihren Welpen vor der vierten Lebenswoche nähert, ist mir nicht ganz klar. Es kann sein, daß sie ihre beiden bisherigen Würfe unter beengten Verhältnissen zur Welt bringen mußte, unter denen sie selbst verunsichert gewesen ist; das wäre immerhin eine Erklärung.

Das würde dann bedeuten, daß Hündinnen, die den menschlichen Freund während der Geburt oder einige Zeit danach nicht heranlassen, verhaltensgestört, verunsichert sind. Man kann dann die Frage stellen: Ist es der gestörte Bezug zum Menschen oder eine umweltbedingte Verunsicherung – oder ist es das, was man im Hundewesen »Wesensschwäche« nennt, wobei man an einen Erbfehler denkt. Man berücksichtigt dabei allerdings nicht, daß das Erscheinungsbild einer »Wesensschwäche« viel häufiger nicht angeboren, sondern umweltbedingt ist. Da Hunde mit dem Erscheinungsbild »wesensschwach« zur Zucht nicht zugelassen werden, kann man sich ausmalen, wieviel kostbares Erbgut unserer Hundezucht durch Unfähigkeit jener Leute, die Hunde aufziehen, verlorengeht.

Eine normale Hündin aber läßt alles mit sich geschehen. Kehrt sie uns also, wie oben erwähnt, den Rücken zu, dann braucht man sie nur etwas zu streicheln, ihr sanft zuzureden (wobei ich gar nicht sicher bin, daß sie das alles bewußt wahrnimmt) und sie im Halbkreis herumzuschieben, damit wir die Geburtsöffnung sehen können. Das obenauf liegende Hinterbein lasse ich dann, sofern ich den Photoapparat in der Hand habe und es daher nicht selber tun kann, von einem Helfer hochheben. Alles ganz einfach!

Letzteres ist allerdings nicht immer notwendig. Für den Hausgebrauch genügt es, wenn man unter die Schwanzwurzel blicken kann, um alles zu sehen. Sehr häufig strecken Hündinnen das obenliegende Hinterbein ganz von selber hoch. Bei unseren Filmaufnahmen war das so – wir brauchten nicht einzugreifen, um das Austreiben der Frucht ins Bild zu bekommen. Auch bei anderen Filmaufnahmen war es nicht oder nur selten nötig. Vielleicht ist das jetzt unverständlich, wenn man die hierzugehörigen Photos nicht gesehen hat. Eine Hündin wirft normalerweise nämlich so, daß sie bei entsprechender Krümmung des Rückens weitgehend auf dem linken oder rechten Oberschenkel liegt, dann den Schwanz – die Rute – an der Wurzel abspreizt, allerdings nicht gerade gestreckt, sondern wieder bogenförmig. Nun, das alles brauche ich hier nicht mit vielen Worten zu beschreiben, das läßt sich viel besser auf den Abbildungen erkennen.

Hier geht es um etwas anderes, nämlich darum, in welcher Form die Austreibung erfolgt. Dabei gibt es Varianten, die man beachten sollte. In den häufigsten Fällen sieht man, wie die dunkelblaue, naß glänzende Fruchtblase in der sich weitenden Geburtsöffnung erscheint, laufend weiter hervorkommt und dann, nachdem das erste Viertel heraus ist, ganz schnell aus dem Leib ausgestoßen wird. Ist das erfolgt, wendet die Hündin sofort den Kopf der ausgetretenen Frucht zu, um die Fruchtblase – die sogenannten »Eihäute« – aufzureißen. Meist tritt dann gleich die Nachgeburt aus, an der die Nabelschnur angeheftet ist, die durch die Fruchtblase hindurch bis zum Bauch des Welpen reicht und durch die er bislang ernährt worden ist.

 Den in idealen Fällen sofort folgenden Austritt der Nachgeburt

bemerkt man gewöhnlich nicht, weil man voller Spannung auf die den Welpen umhüllende Fruchtblase schaut. Dabei übersieht man möglicherweise, daß die Hündin die Nachgeburt als erstes verschlingt, um dann erst die Fruchtblase zu öffnen. Wieder schaut man konzentriert auf den Welpen, den sie nun ausschält, weil man ja gespannt ist, wie er aussehen wird. Und übersieht dabei sogar, wie die Hündin die Eihäute verzehrt – vielleicht sieht man gerade noch, wie sie die Nabelschnur mit den Backenzähnen abbeißt. Hierzu ist zu sagen, daß das mehr ein »Abquetschen« ist, denn die hier eingesetzten Backenzähne sind ein Scherengebiß, das nicht wie ein scharfes Messer schneidet.
Ich sagte schon, daß die Nabelschnur der Ernährung der Frucht dient. Daher enthält sie auch Blutgefäße, und zwar für arterielles als auch für venöses Blut. Würde man die Nabelschnur mit einer Rasierklinge durchschneiden, könnte es zu einem größeren Blutverlust des Welpen kommen, auch wenn sie sich an der Luft mangels Feuchtigkeit sehr schnell schrumpfend zusammenzieht. Beim Abquetschen ist einem Blutverlust bereits ein Riegel vorgeschoben.
Erfahrene Hundezüchter wissen das, weil sie nämlich (beileibe nicht alle, das sei ausdrücklich betont!) häufig Hündinnen haben, die aus diesen oder jenen Gründen bereits so degeneriert sind, daß sie selbst nicht mehr abnabeln können. Was macht also der mit solchen Hündinnen erfahrene Hundezüchter? Er nimmt keine Rasierklinge, kein scharfes Messer – er nimmt seine Fingernägel und quetscht damit die Nabelschnur ab. Sachlich völlig richtig und konsequent.
Was macht eine normale Hündin beim Abnabeln außerdem? Wir konnten es gut filmen: Sie nabelt nicht direkt an der Bauchdecke ab, sondern etwa vier Zentimeter davor – so bleibt also ein Rest der Nabelschnur am Welpen, der sehr schnell zusammenschrumpft und vertrocknet. Bei der späteren Welpenpflege, dem beständigen Ablekken, fällt dieser vertrocknete Rest dann gewöhnlich innerhalb von 24 Stunden ab und landet im Magen der Hündin.
Mein Vorsatz, in diesem Buch sozusagen nur das ideale Muster einer Hundegeburt vorzustellen, kommt ein wenig ins Schwanken. Die Grenzen eines Normalfalles kann man, darf man sogar nicht allzu eng

fassen. Auch bei der in allen nur denkbaren Belangen völlig normalen Geburt gibt es Varianten, die keineswegs als Produkt einer Degeneration angesehen werden müssen. Weil wir gerade beim Abklemmen der Nabelschnur sind – schon da kann ab und an etwas passieren, was man der Hündin nicht anzukreiden braucht, da es nur ganz gelegentlich passiert. Damit meine ich das zu tiefe Abnabeln. Ein Abnabeln, bei dem gleich ein Stückchen Bauchhaut mit abgequetscht wird. Das gibt dann an der Eintrittsstelle des Nabels eine kleine Wunde. Erstgebärenden Hündinnen scheint dies in der Aufregung des unbekannten Geschehens öfter zu passieren als erfahrenen Hündinnen. In dem Fall besteht kein Grund zur Besorgnis, denn durch das nachfolgende stetige Belecken schließt sich so eine kleine Wunde bald und kann vergessen werden. Irgendeine Salbe aufzutragen wäre sinnlos, weil sie die Hündin doch nur weglecken würde.

Anders freilich ist es, wenn eine Hündin beim ersten Mal oder gelegentlich im Übereifer ein winziges Fleckchen Bauchhaut an der Nabelwurzel abbeißt und dies nicht nur regelmäßig, sondern auch in größerem Umfange tut. Ich weiß von Fällen, bei denen hierbei die Bauchdecke des armen Welpen so weit aufgebissen wurde, daß die Därme zum Vorschein kamen – was dann wieder in extremeren Fällen dazu geführt hat, daß die Hündin gleich den halben Welpen aufgefressen hat.

Aber das gehört nicht in dieses Buch, weil es sich da um echt pathologische Fälle handelt, nämlich um Hündinnen, die schwer verhaltensgestört sind und von verantwortungsbewußten Züchtern künftig aus der Zucht ausgeschieden werden. Bleiben wir bei den durchaus noch als normal anzuerkennenden Varianten. Wir konnten bei der Sela-Geburt auch solche filmen. Natürlich war es nicht möglich, im fertig geschnittenen Film jede Austreibung zu bringen, aber wir haben doch ein anderes Extrem zum Vergleich mit aufgenommen.

Das war eine sogenannte »Steißgeburt«, bei der die Fruchtblase – wohl dank des starken Lebenswillens des Welpen, der es nicht erwarten konnte – bereits im Mutterleib aufgerissen ist. Daher trat das

Fruchtwasser schon vor der Austreibung aus, dann kam, heftig strampelnd, der Welpe mit den Hinterbeinchen voran zur Welt. Ihm folgten die Fruchtblase und die Nachgeburt, beide schnell von Sela verschlungen – Abnabeln – fertig.

Es kann vorkommen, daß zunächst die Fruchtblase während des Austreibungsaktes platzt. Das ist ein Anzeichen dafür, daß der Welpe schon jetzt eine besondere Aktivität entwickelt, was bedeutet, daß er das Durchtreten durch den Geburtskanal als recht unangenehm empfindet und so heftig darauf reagiert, daß er durch Strampeln mit den Beinen (deren Pfoten schon spitze Krallen haben) die Eihäute aufreißt.

Solche ungeduldigen Welpen liebe ich besonders. Genau das meine ich, wenn ich vom »Biotonus« spreche, also von der innewohnenden Lebensenergie, die in einem solchen Falle offensichtlich besonders groß ist. Das Grundsätzliche über den »Biotonus« kann in meinen anderen Büchern nachgelesen werden.

Was hier mehr interessiert, ist die Steißgeburt, daß also der Welpe nicht mit dem Kopf, sondern mit dem Schwanz voran zur Welt kommt. Bei uns Menschen liebt man die Steißgeburt nicht so sehr, weil es wichtig ist, daß der Kopf zuerst herauskommt, dessen Durchtritt für die gebärende Frau entschieden das schwierigste Kapitel ist – der Rest geht dann meist einfacher. Außerdem ist es so, daß bei der Kopfgeburt auch dann, wenn die Wehen aussetzen sollten, die Luftatmung einsetzen kann und das Leben des Neugeborenen nicht in Gefahr ist.

Bei Hunden ist das anders. Hundewelpen haben zwar im Verhältnis zum Körper auch einen großen Kopf – aber bei weitem keinen so großen wie Menschenkinder. Es scheint den Hündinnen völlig gleichgültig zu sein, ob der Welpe kopf- oder steißwärts herauskommt. Daher haben wir bei Hunden sehr häufig solche Steißgeburten und wissen, daß das gar nichts zu bedeuten hat.

Das habe ich soeben auch noch in dem Buch von Cornelis Naaktgeboren (»Die Geburt bei Haus- und Wildhunden«) nachgelesen, um nicht in den Verdacht zu geraten, alles allein von meinen Hunden zu wissen. Auch da kann man also erfahren, daß 66,5 Prozent der Welpen mit dem Kopf voran zu Welt kommen. Die restlichen 33,5 Prozent werden andersherum geboren. Er meint auch auf Grund der Berichte anderer Beobachter, »daß etwa zwei Drittel aller Welpen in Vorderendlage geboren werden. Die Ursache für das deutliche Überwiegen der Vorderendlage ist ein noch ungeklärtes Problem« (Seite 68).

Ob das ein Problem ist, wage ich nicht zu beurteilen, ich glaube dabei allerdings mehr an zufällige Häufungen oder daran, daß die Kopfvoranlage sich grundsätzlich bei den Säugetieren als praktikabel erwiesen hat (man denke auch an Huftiere, bei denen die Vorderbeine zuerst herauskommen), aber dann beim Hund (wie bei Katzen) nicht mehr so wichtig war, weil es eben auch andersherum geht. Jedenfalls kann ich mit Bestimmtheit sagen, daß Hunde, die in Steißlage geboren wurden, genauso gute Hunde werden können wie die anderen – vorausgesetzt, daß sie ein gesundes Erbgut mitbekommen haben.

Gerade das Beispiel des Sela-Welpen Seta, der sich schon im Mutterleib von den Eihäuten befreit hatte und mit den Hinterbeinen voraus auf die Welt kam und der lebenstüchtigste Welpe dieses Wurfes war, kann diese Behauptung erhärten.

Eine Querlage des Welpen – die lebensbedrohend für die Hündin sein kann – habe ich glücklicherweise noch nie erlebt. Auch Cornelis Naaktgeboren betont, daß das nur »äußerst selten« vorkommt. Natürlich ist das vor allem deswegen gefährlich, weil die noch nicht geborenen Welpen absterben, was zu einem das Leben der Hündin bedrohenden Fäulnisprozeß führt. Wieder möchte ich den genannten Forscher mangels eigener Erfahrung zitieren: »Nochmals sei darauf hingewiesen, daß dies selten vorkommt und man nicht gleich das Schlimmste zu befürchten braucht. Nichts ist gefährlicher bei einer Hundegeburt, als wenn der Züchter in Panik verfällt!« (Seite 69)

Gerade diesen letzten Satz möchte ich dreifach rot unterstreichen!

Die Nachgeburt

Wie ich schon erwähnte, bekommt man von der Nachgeburt öfter nichts zu sehen, weil man sich auf den Welpen konzentriert. Es kommt aber auch vor, daß die Nachgeburt sich kurzfristig verzögert oder am anderen Ende der Nabelschnur von der Hündin kurz nach der Austreibung regelrecht herausgezogen wird, wie ich das einmal in einer nicht gerade appetitlichen Aufnahme festhalten konnte. Was eine »Nachgeburt« ist, ersieht man aus den betreffenden Abbildungen und deren Begleittexten. Was so eine kurzfristige Verzögerung ihrer Austreibung betrifft, möchte ich es hier nicht nur aus persönlicher Erfahrung mit Rassehunden, sondern auch mit Wildhunden sagen: Auch dies ist kein Grund zur Besorgnis.

Grundsätzlich gilt folgendes: Es ist nicht wichtig, wann sie kommt, sondern wichtig ist vielmehr, daß sie überhaupt kommt. Bleibt nämlich eine Nachgeburt im Körper der Mutterhündin, die nicht innerhalb von 24 Stunden nach Abschluß des gesamten Geburtsvorganges ausgestoßen wird, beginnt sie zu verwesen und führt, wenn man nicht rechtzeitig den Tierarzt eingreifen läßt, nicht nur zum Tod der Hündin, sondern auch zum Tod der Welpen. Eine Hündin kann nämlich in einem solchen Falle ihre Welpen infolge der »inneren Vergiftung«, wie man das nennen kann, nicht mehr richtig säugen.

Bei gesunden Hündinnen, die leicht wölfen, braucht man diesbezüglich keine Angst zu haben. Auch hier hatte ich bisher das Glück, derartiges nicht erleben zu müssen – mit einer einzigen Ausnahme. Bei dieser Ausnahme handelte es sich allerdings um einen ziemlich degenerierten Rassehund. Ebenso kenne ich solche Fälle von Bekannten, die zwar stammbaummäßig überaus wertvolle, nichtsdestoweniger aber schwer erbgeschädigte Rassehunde auf diese Weise einbüßen oder teure Operationen vornehmen lassen mußten, um das Leben der dann für alle Zeiten unfruchtbaren Hündin zu retten. Auch da gab es leider Fälle, in denen auch diese sogenannte »Totaloperation« zu spät kam...

An dieser Stelle möchte ich Cornelis Naaktgeboren nicht direkt widersprechen, wenn er sagt: »Es ist absolut nicht richtig, das Wildtier als ein Idealbild zu sehen, denn auch in der freien Natur kommen Schwergeburten vor, die den Tod des Muttertieres oder der Jungen herbeiführen« (Seite 92). Auch ich weiß, daß es das gibt. Die Frage ist allerdings, warum solche Fälle auch bei Wildtieren auftreten. Sie zu beantworten ist gar nicht so schwer, wenn man sich in der freien Natur umschaut oder nachliest, was »Feldbiologen«, also Leute, die ihr Wissen nicht aus Laboratorien und Versuchsanstalten schöpfen, zu berichten wissen.

Geburt und Natur

An dieser Stelle muß ich wohl oder übel von unseren Filmstudien im großen Zelt abgehen, weil wir hier vielleicht an den Kernpunkt der Dinge kommen.

Romantiker – zu denen die meisten Natur- und Tierfreunde gehören – neigen sehr häufig zu der Vorstellung, daß »Tiere auf freier Wildbahn« im Paradies leben. Genau das Gegenteil ist der Fall – sie sind ebenso aus dem »Paradies« vertrieben wie wir. Leben wir schon trotz aller Zivilisation ständig unter der Gefahr von Seuchen, Berufskrankheiten und Unfällen, die unser Leben bedrohen, so sind die Tiere der Freiheit noch viel schlimmer dran.

Ich will hier gar nicht davon reden, daß der Mensch den freilebenden Tieren den Lebensraum mehr und mehr entzieht oder diese Tierwelt durch Umweltvergiftung zum Untergang verdammt. Das ist ein ganz anderes Kapitel. Nein, ich meine hier, daß die Natur selber, auch ohne Eingriff der Menschen, ihren Geschöpfen das Leben keineswegs leichtmacht.

Klimaschwankungen zum Beispiel können bewirken, daß die Ernährungsgrundlage der Tiere unzureichend wird. Sehr gut, ja zu gut angepaßte Tiere kommen in solchen Fällen nicht mehr zurecht. Durch ihre Spezialisation, zum Beispiel an ganz bestimmte Futterpflanzen, die durch einen Klimawandel nicht mehr gedeihen können, sind sie mit dem langsamen Aussterben dieser Pflanzen selber zum Aussterben verurteilt – falls sie sich nicht doch noch umstellen, das heißt, sich an andere Lebensbedingungen anpassen können.

Im Laufe langer Zeiträume – auch ein Klimawechsel kommt nicht über Nacht – kann eine solche Anpassung gelingen. Bevor sie aber zum Tragen kommt, gibt es Zeiten, in denen eine Tierart unter allerlei Mangelerscheinungen zu leiden hat. Häufig genug konnten sich Tierarten den veränderten Lebensverhältnissen nicht anpassen und mußten aussterben ...

Was mag wohl in Zeiten der »biologischen Unsicherheit« solcher

Tierarten alles vorgekommen sein? Man kann es sich ausmalen, wenn man sich nur vorstellt, was passiert, wenn einmal eine vorübergehende Trockenperiode in einem Jahr auftritt, die nicht den normalen Verhältnissen entspricht. Wir wissen aus den Beobachtungen jener Feldbiologen genau, daß dann ein großes Sterben eintritt, bei dem nur die allerkräftigsten, genetisch besonders gut ausgestatteten und außerdem auch zuvor unter besonders günstigen Umweltverhältnissen herangewachsenen Tiere einer Art überleben. Sie sind es dann, die nach einem solchen »Reinemachen« das beste Erbgut weitertragen und die Regeneration, die Wiedererstarkung der Art ermöglichen.
Wer also Fehlgeburten bei Wildtieren nicht mit den Augen eines Laboranten, sondern mit denen eines Biologen betrachtet, wird sehr schnell begreifen, daß in der Natur nichts anderes geschieht als bei einem Hundezüchter, der seine tragende Hündin nur mangelhaft ernährt. Ein Fall also, der gelegentlich auch in der Natur vorkommt. Fehlgeburten und Todesfälle in der Natur sind kein Normalfall und kein Maßstab; sie können nicht unsere eigenen tierzüchterischen Fehlleistungen beschwichtigen. Das sei hier mit aller Deutlichkeit gesagt. Die Auslese, die die Natur trifft, sollte uns gerade einen anderen Maßstab in die Hand geben, nämlich den, selbst eine so harte und unnachsichtige Auslese auch in der Haustierzucht zu betreiben, wenn wir nicht Schuld tragen wollen an der heute schon weit fortgeschrittenen Vernichtung allen gesunden Erbgutes unserer Haustiere. Ich finde es daher gar nicht gut, wenn man darauf hinweist, daß auch in der Natur eine Geburt nicht immer glattgeht, und so tut, als wäre das ein Maßstab dafür, was wir unseren Haustieren antun.
Dazu noch etwas. Wir wissen, daß in modernen Tiergärten gepflegte Wildtiere eine weitaus größere Lebenserwartung haben als ihre Artgenossen, die sich mit den Unbilden ihres Lebensraumes auseinandersetzen müssen. Ich werde nie vergessen, wie mein alter Freund Wolfgang Schleidt aus Ostafrika zurückkam und auf meine Frage, was er für einen Eindruck von der dortigen Tierwelt habe, zur Antwort gab: »Es war dort wie in einem großen Tierpark – nur, in den Tiergärten sind die Tiere viel schöner!«

Daran sollten wir denken: Wenn wir eine Tierart halten, sollten wir uns nicht damit trösten, daß in der Natur auch nicht alles klappt. Denn wenn das dort so ist, sind Umweltfaktoren schuld, weit mehr als geschädigtes Erbgut.
Ich hatte einen »Mitarbeiter«, der eine tragende Hündin verhungern ließ. Ihre Welpen waren geburtsreif entwickelt, denn der mütterliche Organismus hat alle Kraftreserven bei ihnen deponiert – der Hündin blieb für das Gebären keine Kraft mehr, sie ist einen Tag vor dem erwarteten Geburtstermin gestorben, und als ich ankam, um bei der Geburt dabeizusein, war es zu spät. Mit der verhungerten Hündin – die in ihrem geschrumpften Magen nichts anderes hatte als ein Stückchen Hundekot, in den übrigen Eingeweiden überhaupt nichts – waren natürlich auch die sechs Welpen gestorben.
Aber auch aus solchen entsetzlichen Dingen lernt man. Zum Beispiel, daß ein durch Hunger geschwächter Organismus in der Lage ist, die Art unter Umständen dadurch zu retten, daß er alle Kraftreserven in die vorgeburtlichen Föten investiert, wodurch ein Chance gegeben ist, im Falle einer Verbesserung der Ernährungsverhältnisse die Nachkommenschaft doch noch über die Runden zu bringen. In der Natur dient das der Arterhaltung, jenem einzigen Prinzip, das dort zählt.
Natürlich kann in der Natur genau das gleiche passieren: Das tragende Tier findet infolge einer langanhaltenden Hungerperiode keine Möglichkeit zur Selbsterhaltung mehr – dann gibt es entweder eine Fehlgeburt oder gar keine Geburt, oder es tritt der Tod ein.
Fehlgeburten mit oder ohne Todesfolgen für Hündin, Welpen oder beide sind unter gesunden Lebensverhältnissen ein klarer Beweis für zweierlei: Entweder hat der Tierhalter durch falsche Haltungsmaßnahmen, falsche Fütterung dieses Resultat herbeigeführt – oder aber die Hündin ist erbgeschädigt. Eine andere Ausrede lasse ich nicht gelten!
Das allen Hundezüchtern mit Rotstift ins Stammbuch geschrieben. Es sei denn, daß eine Infektionskrankheit vorliegt – aber das gehört nicht hierher.

Der Wurf ins Unreine

Das ist ein Ausdruck, den der bekannte Tiergärtner und Tierbeobachter Heinrich Hediger geprägt hat. Er stützt sich darauf, daß er Fehlgeburten sowohl bei Huftieren auf freier Wildbahn – in Ostafrika – beobachtet hat als auch in den Zoos von Basel und Zürich. Er meint damit, daß noch junge, nicht voll ausgereifte Tiere zwar gedeckt werden können, sozusagen noch in der Pubertätszeit, aber eben noch nicht die Kraft haben, das oder die Neugeborenen aufzuziehen. Es gibt keinen einleuchtenden Grund, diese Annahme anzuzweifeln. Es kann so sein, wenn es auch nicht immer so sein muß – sicher hängt es ganz entscheidend auch davon ab, wie ein Jungtier aufgewachsen ist.
Ist es ernährungsmäßig unter idealen Bedingungen aufgewachsen, dann kann auch bei der etwas zu frühen Erstlingsgeburt alles zufriedenstellend klappen. Das habe ich schon bei Dingohündinnen erlebt, die im zarten Alter von neun Monaten ihren ersten Wurf gebracht hatten. War es hingegen nicht so ideal mit den Entwicklungsbedingungen in der Jugend, dann ist diese erste Geburt sozusagen eine physische Vorbereitung für die nächste Geburt – so jedenfalls laut Hediger, wenn ich ihn richtig verstanden habe. Er sprach freilich von Huftieren, etwa Giraffen und anderen. Die Frage ist, ob wir das auch auf Hunde übertragen können.
Man kann hierzu ja oder auch nein sagen. Es stimmt nämlich beides. Eine zu junge Hündin kann, genau wie eine zu schlecht genährte, zwar gerade noch gebären – nur aufziehen kann sie die Welpen nicht mehr. Wer unter genauer Kenntnis dieser Faktoren solche Welpen dann künstlich aufzieht, tut etwas durchaus Vertretbares, denn hier geht es ja nicht um eine Erbgutschädigung. War die Geburt – wenn vielleicht, wie das unter Erstgeburten mitunter vorkommt, etwas erschwert, aber sonst normal, dann erhält derjenige, der sich dieser Mühe der Welpenaufzucht unterzieht, eben auch gesundes Erbgut.
Bei Hunden – und sicher auch bei vielen anderen Tieren – gibt es aber mit Sicherheit noch etwas anderes, das ich nur mit Vorbehalten hier

sagen will, weil es in meinen Augen noch nicht zufriedenstellend erforscht zu sein scheint.
Es ist sehr wahrscheinlich, daß eine Hündin auch in der Lage ist, befruchtete Eier, ja selbst fortgeschrittene Embryonen (nicht aber bereits weiter entwickelte Früchte späteren Stadiums) wieder aufzulösen, wenn sie zu jung oder zu schlecht ernährt ist. Aus einigen Untersuchungen an verschiedenen Tieren geht hervor, daß in einem frühen Stadium der Tragzeit mehr Embryonen vorhanden sind, als wirklich geboren werden; was man statistisch ermitteln konnte, also aus Vergleichen zwischen zu Beginn der Tragzeit getöteten Weibchen und gleich vielen Weibchen, die man gebären ließ.
In meinem Buch »Hunde ernst genommen« habe ich ab der zweiten Auflage von meiner Hündin namens Nora berichtet, die mehrfach von einem Goldschakal gedeckt worden war, aber trotz fortschreitender Trächtigkeitsanzeichen erst im vierten Jahr tatsächlich Welpen bekam. Auch hier gab es Anzeichen dafür, daß sie trotz Eibefruchtung die heranreifenden Keime anfänglich früher, dann später aufgelöst, also nicht ausgetragen hatte; erst als sich ihr Organismus auf diese Fremdeiweiße durch das Auflösen der Früchte umgestellt hatte, trug sie die Welpen aus. Derartiges soll es beim Menschen auch geben. Zwar widerspricht diese Annahme einigen Befunden der Immunitätsbiologie – wirkliche Gegenbeweise gibt es aber nicht, und so lange bleibt uns keine andere Erklärung. Ziemlich sicher bleibt jedenfalls, daß eine Hündin, die nicht nach einer ausreichend wiederholten Bedeckung wirft, nicht unbedingt erbgeschädigt sein muß, daß man aber auch nicht dem Rüden, der andere Hündinnen mit Erfolg gedeckt hat, die Schuld daran geben darf. Gebären oder Nichtgebären kann viele Ursachen haben, die man nicht immer klar durchschauen kann. Fehlgeburten und alles, was in diesen Fragenkomplex gehört, kann man jedenfalls nicht damit abtun, daß solche Sachen auch auf freier Wildbahn, bei Wildtieren, vorkommen: Ich bleibe dabei, daß es sich bei unseren Rassehunden in negativen Fällen stets um die Schuld des Menschen handelt – so wie bei der Verbindung der Geschwister Paso und Sela, bei denen einmal die Inzestgenerationsfolge (von mir

beabsichtigt, also meine Schuld), zum zweiten die ziemlich unwirtlichen Verhältnisse im Filmzelt (also ebenfalls Schuld des Menschen) eine Rolle gespielt haben, wenn von fünf geborenen Welpen nur einer lebensstark, ein zweiter gerade noch lebensfähig war. Was hier zählt, ist die Tatsache, daß die Hündin trotz aller dieser Gegebenheiten eine mustergültige Geburt hatte, wie ich sie allen Hündinnen der Welt wünschen möchte.

Geburt und Instinktverlust

Es ist eine durch Konrad Lorenz längst vielseitig belegte Tatsache, daß es in der Domestikation unter dem Ausfall der natürlichen Selektion zu »Instinktverlusten« kommen kann. Angeborene Verhaltensweisen können mehr oder minder weit verlorengehen, da sie für die vom Menschen sorglich umhüteten Tiere unnötig geworden sind. Es ist hier nicht die geeignete Stelle, um solche heute schon weitgehend erforschten »Verlustmutationen« umfassend darzustellen; wollte ich das tun, müßte ich die 80 Seiten lange Arbeit aus dem Jahre 1940 »Durch Domestikation verursachte Störungen arteigenen Verhaltens« von Konrad Lorenz abschreiben oder mit eigenen, weniger wissenschaftliche Grundkenntnisse voraussetzenden Worten wiedergeben (wozu ich noch mehr Seiten bräuchte). Diese Arbeit hat bis heute – wie er mir noch vor wenigen Jahren bestätigte – ihre Gültigkeit bewahrt. Sie ist damals in der Schweiz erschienen, es scheint sich aber dort wenig herumgesprochen haben.

Wie anders könnte sonst ein weltweit bekannter Schweizer Kynologe – dessen Fachwissen völlig unbestreitbar ist – dennoch folgende Bemerkung machen: »Ich sehe nicht ein, wie und wann und warum ein Instinktausfall im Sexual- oder Brutpflegebereich den Wert einer Hündin als Gebrauchshund, als Wächter, als Begleiter und als Kamerad herabsetzen sollte. Wir halten Hunde doch nicht einfach als Nutzvieh!« (Hans Räber, Brevier neuzeitlicher Hundezucht, 1968)

Was jeden Tierfreund hier unangenehm berühren muß, ist zunächst einmal die herabmindernde Bezeichnung und Hintanstellung unserer sogenannten »Wirtschaftstiere«. Paradox ist dabei außerdem, daß man längst gerade bei diesen offensichtlich in der tierzüchterischen Praxis ganz gern auf die Instinkte des Fortpflanzungsverhalten verzichtet, weil man gewisser »Hochleistungen« wegen die künstliche Besamung weltweit bevorzugt. Bekannt ist auch, daß diese in technischer Hinsicht heute zwar einen großen Grad von Vollkommenheit erreicht hat – ob sie aber tatsächlich auf lange Sicht hin gesehen alle Probleme der Tierzucht zu lösen imstande ist, darüber scheiden sich die Geister. Die künstliche Besamung wird ja heute bereits auch bei Hunden praktiziert, worüber ich mich an dieser Stelle nicht weiter auslassen will.

Bleiben wir hier bei Geburtsvorbereitung, Geburtsverlauf und dem Verhalten der Hündin gleich nach der Geburt.

Gewiß hat der Tierfreund Hans Räber recht, wenn er sagt, daß ein Hund, bei dem es im Bereich der Fortpflanzung zu Ausfallserscheinungen kommt, trotzdem liebenswerte Eigenschaften haben kann – auch mir würde es nicht im Traum einfallen, einen solchen Hund zu töten! Aber ich würde alles daransetzen, um zu verhindern, daß ein solcher Hund zur Fortpflanzung kommt.

In der Praxis würde das so aussehen: Wenn eine Hündin im Bereich der Geburt und Welpenpflege nicht umweltbedingte, sondern durch Verlustmutationen verursachte Ausfallserscheinungen zeigt, hat man dafür zu sorgen, daß die gesunden Welpen ordnungsgemäß aufgezogen werden. Wie man das macht, ist in vielen Büchern zu lesen, besonders gut fundiert auch in dem genannten Buch von Hans Räber. Aber genauso hat man dafür zu sorgen, daß diese Welpen in Hände von Mitmenschen kommen, die so viel Verantwortungsbewußtsein haben, daß sie mit diesen Hunden nicht mehr weiterzüchten.

Der Einwand, daß es vor allem einer Hündin schaden könnte, wenn sie niemals Junge bekommen darf, ist unrichtig – wer mir nicht glaubt, lese es bei Hans Räber auf Seite 14 nach. Ich selbst kenne oder kannte Hündinnen, die im fast methusalemischen Alter von 15 Jahren (ohne jemals eine ernsthafte Erkrankung zu haben) zwar nicht mehr in jugendlicher Frische, aber mit zufriedener Altersfreude bis zu ihrem dann meist sehr plötzlichen Ableben zu ihren Ahnen gingen – ohne jemals einen einzigen Wurf gehabt zu haben. Natürlich gehe ich mit Hans Räber mit ganzem Herzen konform, wenn er sagt: »Es besteht kein Zweifel, daß das Pflegen und Aufziehen eines Wurfes sowohl der Hündin wie auch deren Betreuer viel Freude und Spaß bereitet, und wenn im übrigen seitens der Hündin und des Besitzers die nötigen Voraussetzungen da sind, so darf diese Freude auch einmal

als hinreichender Grund anerkannt werden.« Nun, besser kann man es kaum sagen.
Die Frage ist eben nur: was versteht man unter der Formulierung »die nötigen Voraussetzungen« bei einer Hündin? Doch nicht etwa, daß sie kräftige Welpen bringt, die so gut verkäuflich sind (wegen hervorragender Papiere!), daß man die Tierarztkosten für den alljährlichen Kaiserschnitt nicht zu scheuen braucht? Ich kann nur hoffen, daß jeder Hundefreund das mit Abscheu verneint.
Instinktausfälle, vor allem aber auch die vermutlich damit gekoppelten Ausfälle im Gebärmechanismus, können doch für die Hündin keine Freude sein! Ist das »Wölfen« in Form eines Kaiserschnittes eine Freude für die Hündin? Wo bleibt die Freude der Hündin, wenn sie im Bereich der Brutpflegehandlungen, der Welpenaufzucht, Instinktausfälle hat? Wenn sie keine Milch produziert, deren Absaugen durch kräftige Welpen für die Hündin allem Anschein nach tatsächlich mit Wohlbehagen verbunden ist? Warum beseitigt eine instinktsichere Hündin Welpen, die nicht kräftig genug saugen? Warum bildet sich bei ihr die Milch umgehend zurück, wenn man ihr die Welpen wegnimmt? Und warum gibt es Hündinnen, denen man den Milchfluß durch allerlei Maßnahmen erst zum Stoppen bringen muß, weil ihre Welpen nicht lebensfähig waren?
Ich kann mir die Einstellung, daß Instinktausfälle in diesem Bereich, Ausfälle auch im Bereich des physiologischen Geschehens, einfach »normal« sind, nicht anders erklären, als daß sie durch das Nutzdenken mancher Leute entstanden ist. Von einer instinktgeleiteten Hündin abgelehnte Welpen kann man mit pharmazeutisch hergestellter Hundemilch aufziehen – mühsam, aber heute keine Kunst mehr. Nimmt sie, völlig instinktlos geworden, die Welpen überhaupt nicht mehr an – nun gut, dann zieht man sie eben alle auf, weil es »wertvolle« Rassehunde sind und man auf den Gewinn nicht verzichten will. Instinktausfälle sind in der Domestikation unvermeidbar. Diese Tatsache soll und darf aber nicht dazu verführen, daß man solche, die mit der elementarsten Lebensentfaltung – und das ist nun einmal die Fortpflanzung – verbunden sind, achselzuckend abtut. Hier versün-

digt man sich in einer Art und Weise an der Natur, die jedem wissenschaftlich begründeten Tierschutz (und nur einen solchen darf es geben, wenn sich der Tierschutzgedanke nicht ins Gegenteil verkehren will!) die Faust ins Gesicht schlägt.
Welche Freude soll die Hündin haben, bei der die Wehen aussetzen? Welche Freude hat die Hündin am Kaiserschnitt? Welche Freude hat die Hündin, die danach ihre Welpen nicht betreuen kann oder die hier einen Instinktausfall hat und es von sich aus nicht tut? Die Freude hat die Pharmaindustrie, das Leid dagegen der nun Tag und Nacht fütternde Besitzer, dem es dann noch passieren kann, daß ihm eines Tages die verhaltensgestörte Hündin die mühsam aufgezogenen Welpen totbeißt, weil er sich mehr um diese als um sie kümmert.
Wer solche Fehlerscheinungen zum unvermeidlichen Alltag des Leids und der Freud' eines stammbaumbewaffneten »Hundezüchters« erklärt, versündigt sich an der gesamten Hundezucht! Mit solchen Anschauungen macht er sich zum Handlanger skrupelloser Hundevermehrung, die sich über alle gesunden Maximen der Natur hinwegsetzt. Einer Vermehrung, die zu einer nicht mehr endenwollenden Kette von planmäßiger Tierquälerei ausartet. Denn was am Anfang als »relativ leichte Geburtsschwierigkeiten« qualifiziert wird, steigert sich zwangsläufig von Generation zu Generation bis zur absoluten Unfähigkeit, Nachkommen auf die Welt zu bringen. Das weiß jeder, der erstens biologisch zu denken gelernt hat und zweitens nicht bei den Erkenntnissen von Gregor Mendel und dessen Spezialfall von den rot- und weißblühenden Erbsen steckengeblieben ist. Aber das allein ist noch gar nicht alles. Wir wissen, daß die elementarsten Funktionen des Lebens ihre Antriebszellen im Rückenmark des Zentralnervensystems haben sowie seiner zum Gehirn reichenden Verlängerung. Dieses verlängerte Rückenmark hat noch vor der Evolution der Säugetiere einige Sonderbildungen hervorgebracht, die wir heute bei Säugetieren (bis zu uns Menschen) als Kleinhirn, Zwischenhirn, Riechhirn und Mittelhirn unterscheiden. Mit diesen Gehirnanteilen sind die ersten Säugetiere weitgehend ausgekommen, wenngleich sie auch schon von Anfang an, zur besseren Bewältigung

der Umwelteinsicht, dann noch ein über jene Stammhirnanteile gelagertes Großhirn entwickelt haben, das sich im Laufe der Stammesgeschichte mehr und mehr vervollkommnet und auch umfangmäßig vergrößert hat. Es ist aber bis heute von den elementaren Stammhirnanteilen abhängig.

Diese Gehirnentfaltung wäre nicht möglich gewesen, wenn es im Tierreich keine Fortpflanzung gegeben hätte – sie war der Urbeginn alles Lebens. So sind die Hauptfunktionen der Fortpflanzung Funktionen des Rückenmarks bis zum Zwischenhirn hinauf – alle anderen Gehirnteile dienen in diesem Zusammenhang nur dazu, den Geschlechtspartner ausfindig zu machen, ihn zu erkennen, sich auf ihn zubewegen zu können und individuelle Erfahrungen bei der Fortpflanzung zu speichern. Die Antriebselemente aber sitzen in jenen uralten Anteilen des Zentralnervensystems. Kommt es hier zu genetisch bedingten Verlusten, dann betrifft das wirklich nicht die Fähigkeit zur Fortpflanzung allein.

Man kann aus dem jüngsten Gehirnanteil, dem sogenannten »Neuhirn«, dessen für uns denkende Menschen wichtigster Teil die oberste Rindenschicht ist, ungestraft ganze Stücke herausschneiden (man denke an Kriegsverletzungen, an früh erkannte Tumoren), und nichts passiert, was für das Weiterleben entscheidend wäre. Die geringste Verletzung im Stammhirnbereich allerdings führt gewöhnlich zum Totalversagen des Organismus, also zum Tod, bestenfalls zu einem tiefgreifend gestörten Weitervegetieren.

Alle angeborenen Verhaltensweisen sind im Zwischenhirn verankert oder als Automatismen im verlängerten Rückenmark, als Reflexe im übrigen Rückenmark. Das ist übertrieben einfach ausgedrückt, weil das Zentralnervensystem letztlich in allen Belangen vielfach gekoppelt ist, komplizierter als ein übergenial entwickelter Computer. Wenn nun bei einem Lebewesen gerade die Elemente des Ursystems Fortpflanzung Verlustmutationen aufweisen, dann ist grundsätzlich das gesamte Nervensystem davon betroffen. Ein defektes Nervensystem aber ist, soweit genetisch bedingt, ein Anfang vom Ende.

Es ist unerheblich, wenn es zu einer Ausfallsmutante bestimmter

Beutefanghandlungen kommt, denn der Hund wird ja gefüttert; in unserer zivilisierten Welt mag das sogar ganz brauchbar sein und schadet dem Hund keineswegs – jene spezifisch auf Großtiere abgestimmten Beute-Verhaltensweisen sind sowieso stammesgeschichtlich so neu, daß sie teilweise noch gar nicht in das Erbinventar aufgenommen wurden, sondern vielfach noch individuell gelernt werden müssen. Ebenso wie sehr viele Einzelheiten des Sozialverhaltens der Hunde wohl nur in bestimmten Grundelementen erblich fixiert sind, in ihren Einzelheiten aber dann doch eine Frage der Erziehung sind.

Wenn in der Erziehung gravierende Fehler gemacht werden, so hat das auf das Erbgefüge des Hundes keinerlei Einfluß, da es bekanntlich eine Vererbung erworbener Eigenschaften nicht gibt. Daher kann ich es nicht verstehen, wenn ein fehlerzogener Hund von der Zucht ausgeschlossen wird, bloß weil er vielleicht den Richter gebissen hat. Erziehungsfehler sind also Gründe, einen Hund von der Weiterzucht auszuschließen. Nicht aber elementare Verluste im Nervensystem? Wer so denkt, sollte sich nicht »Kynologe« nennen, sondern die Finger von der Tierzucht lassen. Erkennt und tut er das, bleibt ihm der Titel »Tierfreund«, weil er durch eine solche Selbsterkenntnis für die Tiere etwas Gutes leistet.

Und so möchte ich nochmals an dieser Stelle an den Ausspruch von M. J. Freak (1975) erinnern, den ich ganz bewußt an den Anfang dieses Buches gestellt habe, in dem es heißt, »daß Tierärzte und Züchter diese Zusammenhänge klar erkennen und das *Gebärvermögen* in den Rang eines der wichtigsten Selektionsmerkmale erheben.« Es ist wohl auch klar, daß dazu die Vorbereitung der Geburt und die Folgehandlungen nach der Geburt gehören.

Jeder Tierarzt und Züchter wird jenen Ausspruch in großen Lettern in sein Wartezimmer, in seine Zwingeranlage hängen. Und sei es nur, damit er selber gelegentlich daran erinnert wird, weil unsere müde Großhirnrinde uns so leicht den Weg des geringsten Widerstandes als den einfacheren anpreist, der da heißt: »Was soll ich machen – die allgemeine Meinung ist nun einmal so ...«

Trotz alledem darf man natürlich nicht leichtfertig den »Zuchtwert« einer Hündin – womit man ihren Genotypus meint, also ihre erblichen Veranlagungen – abtun, wenn es beim ersten Mal nicht so klappt. Tierzucht – und damit natürlich auch die Hundezucht – ist nun einmal eine Wissenschaft und keine Frage dieser oder jener Meinungen. Forschung muß immer am Anfang aller Meinungsbildung stehen, auch dann, wenn Forschungen nicht immer und sofort zu allgemeingültigen Lösungen führen, sondern, so allgemeingültig sie heute auch erscheinen mögen, durch Erkenntniserweiterung über neue Forschungen zum Spezialfall von morgen werden. Womit ich nochmals auf die Möglichkeiten von Fehlgeburten kommen möchte, die nicht als krankhafte Erbschäden bezeichnet werden können – und die uns auch zur Vorsicht bei der Beurteilung von Erstgeburten mahnen sollen.

Zeit-Fragen

In diesem Buch – und in vorhergehenden – habe ich mehrfach Zeitangaben gebracht, die teilweise etwas widersprüchlich erscheinen können. Es ist nun einmal in der Natur so, daß nicht alles mit Maßband und Zirkel gemessen werden kann, sondern daß man die individuellen Besonderheiten im Auge haben muß.

In meiner Studentenzeit predigte der Botaniker Karl Schnarff bei seinen Vorlesungen immer wieder: »Die Natur kann so – sie kann aber auch anders!« In diesem Sinne ist für mich auch so manche Frage nicht mit einem klaren »ja« oder »nein« zu beantworten, sondern mit dem etwas hilflosen »jein«.

Ich kenne genug Geburten, bei denen die Eröffnungsphase ganz eindeutig eine Stunde vor der Austreibung begonnen hat. Eindeutig deswegen, weil die Hündin Lagerbindung, Scharren, Wehen und psychische Abwesenheit gezeigt hat. Vorher ist sie nur ein wenig nervös umhergelaufen.

So habe ich auch schon öfter Erstgeburten erlebt. Etwa bei unserer Dingohündin Sela, als sie nach Paso am 12. Januar 1974 unter anderen Welpen den hier oft erwähnten und abgebildeten Sohn Puma zur Welt gebracht hatte. Sie selber war am 30. September 1972 geboren – man kann sich also ausrechnen, wie alt sie bei ihrem ersten Wurf war. Eben dieser erste Wurf ging so gut und schnell über die Bühne, wie es nicht besser hätte sein können.

Gerade bei Niederschrift dieser Zeilen konnte ich den Erstlingswurf einer – bitte festhalten und anschnallen – »Dingo-Elchhund-Schakal-Husky-Wolf-Mischlingshündin« registrieren. Eröffnungsphase eine Stunde, Austreibung der vier Welpen auch eine Stunde. Das war alles. Meinem persönlichen Geschmack nach ging das alles viel zu schnell – aber was kümmert das so einen Bastard!

Damit sind wir genau da, wo ich hin will. Hier ist eine individuelle Fallanalyse notwendig. Folgende Situation: Großgehege, zerklüftete Naturlandschaft; die Hündin ist hier zusammen mit fünf weiteren

Geschwistern geboren und mit jenen sowie ihren Eltern aufgewachsen; sie selbst ist wohlerzogen, bloß der Vater – ein skrupelloser Wüstling – hat sie im zarten Alter von neun Monaten gedeckt; »Blutschande« nennt man so etwas. Natürlich entging es ihrer Mutter nicht. Mutter Baba, die »Schakal-Dingo-Elchhund-Husky-Hündin«, beobachtete ihre von ihrem Wolf-Dingo-Mann gedeckte Tochter sehr genau, als deren große Stunde nahte. Ihr Mann namens Scheich zeigte da immerhin so viel Charakter, daß er sich zwischen Mutter und Tochter stellte. Und der inzwischen elfmonatigen Junghündin blieb nichts anderes übrig, als die Geburt unter dem Schutz ihres Vaters so schnell wie möglich abzuwickeln. Sie stand unseren Beobachtungen zufolge einwandfrei unter Streß. Es ging um Leben und Überleben!
Ich habe einmal eine sterbende Kreuzotter photographiert, die Minuten vor ihrem Tode ihre Jungen zur Welt gebracht hat. Hier liegen Leistungen der Natur vor, die wir zwar registrieren und auch aus dem Grundprinzip der Arterhaltung durchaus erfassen können – deren psychisch bedingte Mechanismen wir aber noch lange nicht durchschauen können.
Der Einfluß der Seele auf innere und äußere Konditionen ist der alleinige Schlüssel zum Verständnis des Lebens und Überlebens. Forschern geht es da wie Einbrechern: Man probiert Dietrich auf Dietrich – mancher paßt sogar fast, aber eben nicht ganz. Man kriegt das Schloß mit dem vorhandenen Werkzeug einfach nicht auf.
Also habe ich kein Recht zu behaupten, daß es die drohende Aggressionsbereitschaft der Stammutter Baba war, die ihre Tochter zu einer »Schnellgeburt« veranlaßt hat. Ich liege hier – wie dauernd bei meinen Hundeforschungen – außerhalb der wissenschaftlich gültigen Normen. Ich kann nur aus meinem Gefühl heraus sagen, es müßte so gewesen sein – beweisen kann ich es ebensowenig wie vieles andere, was ich sage.
Natürlich könnte ich jetzt, um meine Vermutungen zu beweisen, eine Experimentalreihe starten, und ich weiß genau, wie ich so etwas machen könnte: Ich lasse 20 Hündinnen unter schweren Streßbelastungen werfen. Damit würde ich eine Forschungslücke schließen.

Nur – mir fehlt es da leider an Zeit, weil ich mich darum kümmern muß, daß es meinen Hunden gutgeht...
Von mir wird man also doch nie den wissenschaftlich exakten Beweis dafür erhalten, ob der Zeitfaktor etwas mit Streßbelastungen zu tun hat oder nicht. Ich kann nur aus zufälligen Ereignissen mutmaßen – das ist alles, und dabei soll es auch bleiben.
Doch zurück zu Sela. So glatt die erste Geburt ihres Lebens abgelaufen ist, so ungewöhnlich verlief jene zweite Geburt, die wir mitgefilmt haben. Ausschließlich freilich, was den Zeitfaktor betrifft. Ansonsten war ja alles ganz normal. Ich habe mir das Tonband nochmals vorgenommen, das ich, am 9. November 1974, aufgenommen hatte. Ich berichte hier ganz absichtlich Details, die zu jenem vorerwähnten »jein« passen. Dieses Originaltonband ist staubsicher aufbewahrt, als Eigentum der »Gesellschaft für Haustierforschung e. V.«, die ja damals den ganzen Film ermöglicht hat – wie ja schließlich alles, was ich mache. Übrigens, es gibt noch viele andere solcher Tonbänder von Hundegeburten, darunter solche, bei denen meine Lebensgefährtin Erika und ich uns vor Lachen schütteln. Da sind die ganzen Zwischenbemerkungen zu hören, die wir machten, und einmal – aber auch nur einmal! – kann man da hören, wie uns ein besonders wachsamer Rüde von 30 Zentimeter Schulterhöhe (!), ein Neuguinea-Dingo – aus dem Geburtenzwinger vertrieben hat. Dem Tonband entnimmt man ganz deutlich, wie wir uns da gegenseitig etwas vorgelogen haben, um eine Begründung zu finden, den Geburtenzwinger zu verlassen, ohne unsere Würde und Überlegenheit dabei zu verlieren. Als wir uns kürzlich das Tonband wegen dieses Buches angehört haben, wurden wir beide rot...
Kehren wir zu unserer Starhündin Sela zurück. Die ganze Filmzeltsituation, die ich ja schon mehrfach beschrieben habe (auch in den Erklärungen zu den Abbildungen), war ja nun etwas, was man nur wieder als »Individualfall« bezeichnen kann. Ich bin fest davon überzeugt, daß Sela im Geburtenzwinger oder meinethalben im Freigehege die Geburt ganz anders abgewickelt hätte, was den Zeitfaktor betrifft. Etwa so wie bei ihrer ersten Geburt, die keineswegs

ein »Wurf ins Unreine« war, wie das Heinrich Hediger vorzugsweise bei Huftieren beschrieben hat. Daß nur Puma damals am Leben geblieben ist, die übrigen vier Welpen aber starben, war Ergebnis einer extremen Inzestzucht und letztlich auch der Grund, warum ich so viel Wert darauf gelegt habe, daß jener Film genau wieder bei diesem zweiten Wurf von Paso und Sela gedreht wird. Ich konnte mir an den Fingern abzählen, daß es nicht anders sein würde, daß nur ein Welpe aus dem ganzen Wurf echte Überlebenschancen haben wird, wenn alles gutgeht, und ich durch den Vergleich eines erbgesunden und eines erbgeschädigten Welpen (den kleinen Rüden, den wir durch allerlei Tricks für die Filmarbeit am Leben erhalten haben) zeigen wollte, wo die Verantwortung des Züchters liegt. Ich kann nur hoffen, daß das viele Züchter verstanden haben.

Vorausgesehen habe ich also, daß wir mit etwas Glück das Aufwachsen eines kerngesunden Welpen zeigen können und mit etwas Glück doch noch einen weiteren Welpen am Leben erhalten werden. Es hätte auch ganz anders kommen können – nämlich, daß durch diese vier Generationen hindurch währende Inzestzucht ohne – ich betone: ohne! – natürliche Auslese kein einziger Welpe lebensfähig gewesen wäre. Das war ein Risiko – aber ich hatte ja noch eine andere Hündin, die kurz danach wölfte. Ich erwähnte sie schon, weil wir eine Austreibung von ihr in den Film hineingeschmuggelt haben. – Da heißt es nach der Abwicklung der ersten Austreibung von Sela: »20 Minuten später eine neue Austreibung«.

So war es in der Regel. Allerdings eben nicht bei Sela im Filmzelt, und jene »20 Minuten später«-Austreibung war nicht von Sela, sondern von einer Neuguinea-Hündin. Natürlich hatte ich das im Text für den Sprecher vorgesehen – nur hat es nicht geklappt, weil die Zeit zu dieser Erklärung zu knapp war. Darum mußten wir es weglassen. Ich brauche deswegen kein schlechtes Gewissen zu haben – normalerweise wäre es wirklich so gewesen.

So! Nach diesem Geständnis will ich referieren, wie es damals mit Sela wirklich abgelaufen ist. Die erste Austreibung war um 20 Uhr 18. Auf Tonband hört man meine Stimme: »Hinterteil tritt aus,

Austritt – Photos.« Klare Steißgeburt, Fruchtblase war längst im Mutterleib geplatzt, Fruchtwasser ist bereits um etwa 19 Uhr 40 teilweise herausgeronnen, dann nochmals um 19 Uhr 55, nochmals etwa um 20 Uhr 09, und dann endlich die bereits zitierten Worte um 20 Uhr 18.

Wenn mich jetzt einer fragt, ob das normal ist, muß ich mit jenem »jein« antworten. Oder mit den Worten Schnuffis, wie wir unseren Botanikprofessor liebevoll, wenn auch respektlos nannten: »Die Natur kann auch anders.«

Die Natur kennt keinen bürokratischen Pragmatismus. Sie kann sich bis zu einem gewissen Grade den Verhältnissen anpassen, und die Verhältnisse waren, wie gesagt, nicht gut. Wenn es aber dann doch noch – wenn auch mit Verzögerung – geht, spricht das eigentlich doch deutlich für die Leistungsfähigkeit der Hündin! So meine jedenfalls ich.

Hier sollte ich zum Thema Zeitfaktor doch noch einmal etwas ausholen. Auf dem Tonband hört man nämlich deutlich, daß unsere Sela um 17 Uhr 30 noch einige Eintagsküken gefressen hatte. Also keine drei Stunden vor der ersten Austreibung. Das ist nicht normal!

Das ist genausowenig normal wie die Tatsache, daß sie bereits am 2. November um 16 und um 20 Uhr einen Temperaturabfall auf 36,3 bzw. 36,2 Grad Celsius hatte. Das wäre auch der richtige Wurftag gewesen. Aber dann stieg ihre Temperatur auf 37 bis 38 Grad Celsius, fiel am 6. November um 18 Uhr wieder auf 36,2 Grad Celsius, stieg wieder, schwankte hin und her, sank dann am 8. November um 8 Uhr morgens wieder auf 36,2 Grad Celsius, war dann später wieder auf 37,8 Grad Celsius, stieg an, und sank um 19 Uhr auf 36,2 Grad Celsius ab. Um 23 Uhr hatte Sela 37,6 Grad, am 9. November – dem Tag der so lange hinausgeschobenen Geburt – um 9 Uhr vormittags 36,8, um 13 Uhr mittags 37,3 Grad Celsius, und eine Stunde vor der ersten Austreibung um 20 Uhr 18 hatte sie 37,5 Grad Celsius. Danach stieg die Temperatur ganz rasant während der übrigen Austreibungen, bis sie um 4 Uhr früh des folgenden 10. November die fast fieberhafte Meßzahl von 39 Grad Celsius hatte. Sie blieb dann anschließend in den nächsten Tagen bei Temperaturen zwischen 38 und 39 Grad Celsius. Nun könnte ich hier abbrechen und sagen, das war halt so, und es dem Leser überlassen, sich seinen Reim darauf zu machen. Aber genau das werde ich nicht tun. Sela ist am 5. April 1976 an einer »Enterogastritis« verstorben – an einer chronischen Magen-Darm-Entzündung, die sie sich in dem naßkalten Filmzelt zugezogen hat. Sie hatte es geschafft, ihre Welpen aufzuziehen – aber danach war sie am Ende.

Sie war das Opfer einer übertechnisierten Vorstellungswelt von Schreibtischingenieuren, die uns dieses absolut ungeeignete Filmzelt konstruiert hatten. Dank des Verständnisses von Fritz Stapenhorst und Peter Dolpp wurde es ein hervorragender Lehrfilm – nur hat er eine Dingohündin das Leben gekostet. So sieht die Wirklichkeit aus. Zu dem Zeitpunkt, 1974, hatte ich das noch nicht ganz verstanden. Heute erst, viele Jahre später, beginne ich einzusehen, was damals Ursache und Wirkung war.

Mein Geburtenzwinger in der Grubmühle war sicherlich in den Augen mancher Hundefreunde bereits eine Zumutung für die Kreatur. Glauben doch viele Hundezüchter, daß es eine Hündin bei der Geburt warm haben muß und so weiter und so weiter, was ich hier und früher schon ausreichend zu widerlegen versuchte. Aber so, wie es damals im Filmzelt war – das würde ich nie mehr in meinem Leben einer Hündin zumuten.

Sehen wir uns doch nun den weiteren Zeitverlauf dieser ursprünglich so kerngesunden Hündin bei ihrer Geburt am 9. November 1974 an. Da kam der nächste Welpe erst um 20 Uhr 51 zum Vorschein. Laut Tonband: »Fruchtblase taucht auf!« – das haben wir im Film, denn schon schnurrte die Kamera, die die erste Austreibung versäumt hatte. Zeitintervall zwischen der ersten und zweiten Austreibung: 20 Uhr 18 bis 20 Uhr 51, das sind 33 Minuten. Ein bißchen viel, nach meiner sonstigen Erfahrung. Die dritte Austreibung war um 21 Uhr 57. Das ist eine ganze Stunde und sechs Minuten. Viel zuviel. Und die vierte und letzte Austreibung war um 22 Uhr 32. Also 35 Minuten danach. Bei einer Hündin, die schon einmal eine ganz normale Geburt hinter sich hatte, sind diese Zahlen für mich einfach ein Hinweis darauf, daß

da etwas nicht in Ordnung war. Was es war, wissen wir erst jetzt aus der Rückschau.
Nehmen wir an, ich hätte diese Daten dem Geburtenforscher Cornelis Naaktgeboren geliefert, ehe er sein auf Züchteraussagen begründetes Büchlein geschrieben hat, und hätte dabei die äußeren Umstände vorher, während und danach – bis zum Folgetod der Hündin – nicht mitgeteilt.
Wissenschaftliche Aussagen sind sehr oft das Ergebnis von nicht erfaßten Fehlerquellen. So ist es auch nicht verwunderlich, wenn der erwähnte Fachmann 1971 aufgrund seiner Umfrage zu dem Schluß gekommen ist, daß die Frage nach der Länge des Geburtsaktes sehr schwer zu beantworten ist, »weil nicht feststeht, wann er beginnt«. Und weiter sagt er (alles Seite 73 l. c.): »Der Anfang der Eröffnungsphase ist für den Züchter kaum oder gar nicht feststellbar.«
Demgegenüber glaube ich klargestellt zu haben, daß er in einigermaßen normalen Umweltverhältnissen sehr gut feststellbar ist. Ich spreche damit natürlich nur den aufmerksamen Züchter an.
Lesen wir weiter: »Wir wissen daher, daß die Dauer der Eröffnungsphase sehr stark wechseln kann. Im allgemeinen ist mit einer mittleren Dauer von zwölf Stunden zu rechnen.«
Hierzu kann ich nur sagen: arme Hündinnen! Eine darart lange Eröffnungsphase (die sogar als Mittelwert bezeichnet wird) hat nicht einmal meine geplagte Sela gehabt. Hätte sich Cornelis Naaktgeboren nur auf das verlassen, was er selbst beobachtet hat – nämlich bei Rotfuchs, Dingo, Niederländischem Schäferhund (»Nederlandse Schapendoes«), Deutschem Schäferhund, Holländischem Schäferhund (etwas anomal), Mops und Kurzhaarteckel, und nicht auf jene Fragebogen, dann hätte ich mir dieses Buch ersparen können! Seine eigenen Beobachtungsprotokolle über diese sieben Hunde sind so schön und aufschlußreich, daß ich sie am liebsten hier alle abschreiben würde! Was ich nicht verstehen kann, ist, daß er den Züchteraussagen mehr vertraut hat als sich selbst.
Damit möchte ich nur klarstellen, daß dieses Buch (auch wenn es stellenweise den Anschein erwecken mag) nicht gegen den Wissen-

schaftler gerichtet ist, sondern nur gegen jene Leute, die ihm falsche Daten geliefert haben!

Trotzdem ist die Schlußfolgerung von Cornelis Naaktgeboren absolut richtig, »daß die Geburt mit zunehmender Welpenzahl länger dauert«. Das habe auch ich einmal bei meiner langstockhaarigen Schäferhündin Rana erlebt, die zunächst elf Welpen in sechs Stunden brachte und tags darauf, in einem Abstand von wahrscheinlich fünf Stunden (geschätzt), noch einen zwölften Welpen. Das haben mir schon mehrere Züchter von großkalibrigen Hunden erzählt, daß einige Stunden nach der vermuteten »letzten« Austreibung doch noch so ein verspäteter »Nachzügler« ankommt. Nachdem ich das ja selber erlebt habe, darf ich das wohl glauben. Aber – und das ist wichtig – das kommt eben nur bei Hündinnen vor, die eine Überzahl von Welpen austragen – was in meinen Augen bereits eine Degenerationserscheinung ist. Meine Rana liegt längst unter der Erde – sie wird mir diese Behauptung sicher nicht nachtragen.

Aus seinen eigenen und damit auch einwandfreien Beobachtungen schließt Cornelis Naaktgeboren, »daß die Geburt des ersten Jungen eines Wurfes fast immer mehr Zeit in Anspruch nimmt als die Austreibung der folgenden Jungen«, und: »Das erste Junge muß auf seinem Weg nach außen zunächst die mütterlichen Gewebe dehnen ...« Genauso ist es auch nach meinen eigenen Erfahrungen.

Daß zu enge Becken, zu groß geratene Welpen eine Zeitverzögerung bewirken können, war schon zu Anfang dieses Buches erwähnt worden. Die Schlußfolgerung daraus ist, daß man zur Beurteilung einer Hündin als »zuchtfähig« erst einmal die Maße ihres Beckens untersuchen muß und nicht ihre sogenannte »Schönheit«!

Ich habe schon in meinem ersten Hundebuch – das ich 1970 niedergeschrieben habe – darauf hingewiesen, daß eine ganz normale Geburt von der Austreibung des ersten Welpen bis zum sechsten Welpen ungefähr zwei Stunden dauert und daß es unbedenklich ist, wenn dann eine hochgezüchtete Rassehündin dafür die doppelte Zeit benötigt. Daran halte ich auch heute noch fest. Unter normalen äußeren Umständen werfende Hündinnen irgendeiner Rasse sind in meinen Augen noch lange nicht wirklich erbgeschädigt, wenn sie sich ein wenig mehr Zeit lassen als Hündinnen irgendeiner Wildhundform. Ein Haustier ist nun einmal kein Wildtier mehr, und so kleine Abweichungen vom Ursprungsverhalten dürfen wir getrost hinnehmen.

Sollte aber eine Hündin unter normalen Umweltverhältnissen für sechs Welpen acht Stunden brauchen, dann sollten wir demnächst einmal – wenn die Welpen schon größer sind – zum Tierarzt gehen und die Hündin daraufhin untersuchen lassen, ob sie vielleicht eine chronische Erkrankung hat. Hat sie diese, ist ihr Erbgut in Ordnung. Hat sie keine, dann würde ich sagen, mit einer solchen Hündin sollte man doch lieber nicht mehr züchten – irgend was stimmt da nicht mehr.

Sechs Welpen in zwei Stunden – also 120 Minuten – ist ein Idealfall, sozusagen ein Richtmaß. Etwas weniger, ein bißchen mehr – was macht das schon. Nur bei dem Zuwenig und Zuviel muß die Toleranzgrenze aufhören, wenn wir die Geburtsleistung – und damit die generelle Fortpflanzungsfähigkeit – unserer Hunde erhalten wollen. Hier muß ich auf bestimmte Erbfaktoren hinweisen. Bekanntlich gibt es bei den Wirbeltieren ein X- und ein Y-Chromosom. Man nennt sie »Geschlechtschromosomen«. Bei uns Menschen ist das auch nicht anders. Diese beiden Vererbungsträger bestimmen nämlich das Geschlecht. Bei den männlichen Samenzellen gibt es solche, die ein Y-Chromosom, und andere, die ein X-Chromosom enthalten. Das kommt daher, daß männliche Individuen stets ein X und ein Y besitzen. Die Weibchen haben aber nur X-Chromosomen. Trifft also eine Samenzelle mit einem X-Chromosom auf eine weibliche Eizelle (die nur ein X hat), dann wird daraus ein Weibchen, das im Chromosomensatz dann entsprechend zwei X-Chromosomen enthält. Trifft aber ein Y-Chromosom auf eine Eizelle, entsteht ein Nachkomme, der männlich ist und sich durch das Chromosomenpaar XY auszeichnet. Wenn man so will, kann man sagen, daß die männlichen Wirbeltiere – einschließlich des Menschen – bloß durch ein Chromosom abgewandelte Weibchen sind.

So hat also auch ein Hunderüde in seiner Erbsubstanz ein X und ein Y. Nehmen wir an, daß er das weibliche X von einer Hündin hat, die genetisch geschädigt ist, die kaum noch fähig ist, ihr Sexualverhalten – und dazu gehört die Geburt – zu vollziehen, dann kann man mit Fug und Recht erwarten, daß ein solcher Rüde auch in seinem Sexualverhalten gestört sein wird.

Solche Fälle sind Hundezüchtern wohl bekannt. Es gibt bei manchen Rassen – deren Namen ich hier nicht nennen will – sehr häufig schon Rüden, die nicht wissen, was man mit einer läufigen Hündin anfangen soll. Mit Tricks kann man dann erreichen, daß es doch noch zu einer Art von Begattung kommt.

Kurz zusammengefaßt: Hündinnen mit angewölften – das heißt, angeborenen – Geburtsschwierigkeiten können den in ihrem X-Chromosom enthaltenen Sexualdefekt auf ihre männlichen Nachkommen übertragen, da sie ja so ein X mitbekommen. Eine Tierart – oder Haustierrasse –, die Mängel beim Fortpflanzungsgeschehen aufweist, hat ihre Rolle ausgespielt. In der Natur durch die naturgegebene Auslese. Beim Haustier freilich, da der Mensch ja eingreift und Unmögliches immer noch möglich macht, sehen die Dinge anders aus. Der Mensch hat schon viel möglich gemacht, wovon sich unsere Vorvorfahren nichts haben träumen lassen. Etwa, mit einem Auto auf dem Mond spazierenzufahren. Vielleicht gelingt es ihm noch, Hündinnen am Bauch einen Reißverschluß einzubauen, damit man sich den Kaiserschnitt erspart. Was man heute immerhin schon geschafft hat, ist die künstliche Besamung bei Hündinnen. Man kann auch Eizellen aus einem weiblichen Tier in ein anderes überpflanzen. Gut – machen wir ruhig so weiter. Es kann doch nach dem Stand der Dinge gar nicht mehr so schwierig sein, Hunde aus der Retorte zu erzeugen. Ein praktisches, sauberes, zeitsparendes Verfahren.

Ein Verfahren, das vor allem den Vorteil hat, daß der Zeitfaktor – von dem hier die Rede ist – überhaupt keine Rolle mehr spielt. Er wird dann von Nährstofflösungen, Temperatur, Ionenkonzentration und anderen genau analysierten Faktoren abhängig und damit vorausbestimmbar werden. Keine Utopie. Die Forschung ist auf dem besten

Wege, derartiges zu realisieren. Ich bin ganz sicher, daß es auch gelingen wird.
Die Biotechniker sind ganz groß im Kommen. Sie vollbringen – rein wissenschaftlich gesehen – ganz bewundernswerte Leistungen. Kein Mensch hat das Recht zu sagen, daß sie mit ihren Experimenten aufhören sollen. Ganz im Gegenteil – wir sollen hoffen, daß sie zum Ziel kommen. Warum?
Weil vorher niemand glauben wird, daß damit gleichzeitig der ungewollte Beweis erbracht werden wird, daß jeder Eingriff in naturgegebene Abläufe unweigerlich zur Degeneration führt. Diesen Beweis werden uns die Biotechniker erbringen, sobald es ihnen gelingt, den ersten geburtsreifen Fötus aus der Retorte zu entlassen. Weil sie nämlich nicht daran denken, daß es bereits im Mutterleib einer gesunden Hündin zu einer Vorabselektion kommt, und nicht daran denken, daß eine Hündin hinterher noch alle Welpen tötet, die Mängel zeigen.
Der Zeitfaktor bei der Geburt hat nämlich auch noch einen selektionistischen Einfluß. Nur lebenskräftige Welpen überleben in der Fruchtblase, wenn sich aus irgendwelchen Gründen die Geburt verzögern sollte. So kann also auch eine verzögerte Geburt zu einem Selektionsfaktor werden. In diesem Sinne könnte man sogar einen Nachzügler, wie es ihn bei vielköpfigen Geburten häufig gibt, als erbgesund betrachten, wenn er schnell aktiv wird und ein kräftiges Saugverhalten an den Tag legt. Gerade er hat ja am längsten in der Fruchtwasserblase durchhalten müssen. Das ist zweifelsfrei eine enorme Leistung. Aber ich denke, daß wir uns trotzdem zu fragen haben, ob eine derartige Überproduktion an Welpen zu verantworten ist, da die Natur höchstens acht Welpen vorgesehen hat, wie der Körperbau (etwa die Zitzenfunktion) einer Hündin beweist. Sollte es gelingen, eine Hündin mit zwölf funktionsfähigen Zitzen zu züchten, wird ja wohl auch nichts gegen ebenso viele Welpen zu sagen sein. Nur müßte dabei auch bedacht werden, daß die Gebärleistung der Hündin so stark ist, daß sie auch nach der zwölften Austreibung nicht schlappmacht, sondern ungefähr ihre 20-Minuten-Intervalle von

Austreibung zu Austreibung hat. So eine Geburt müßte dann mindestens vier Stunden, besser noch ein wenig mehr, in Anspruch nehmen.
Zur Zeit sieht es aber so aus, daß wir schon recht zufrieden sein können, wenn eine Hündin für nur sechs Welpen nicht mehr als vier Stunden braucht.
Der Zeitfaktor hat mich hier auf einige Nebengedanken gebracht, die nicht unmittelbar mit ihm zu tun haben. Worum es mir dabei geht, ist die von mir immer wieder aufgeworfene Kardinalfrage: Wollen wir uns rückbesinnen und unsere schönen, guten Hunderassen biologisch gesund erhalten, so gesund, daß sich eine Hündin nicht stundenlang quälen muß, um ihre Welpen zur Welt zu bringen, oder entscheiden wir uns dazu, alle Hilfsmittel pharmazeutischer Forschungen einzusetzen, um das Überleben dieser alten Hunderassen sozusagen »auf Krücken« zu gewährleisten?
Ich halte das für eine Frage, die jeder Hundezüchter mit seinem Gewissen abmachen muß. Wenn er versucht, meinen Gedankengängen ein wenig zu folgen, wird ihm die Entscheidung nicht schwerfallen, was ich allen unseren Hunden von Herzen wünsche.

Im Interesse des Lesers und seiner Hündin

Vorhin sprach ich jene Leser an, die bereit sind, meinen Gedankengängen zu folgen. Beim Überlesen des bisherigen Inhalts sind mir da aber Zweifel gekommen, ob man das einige Stunden vor der Geburt auch wirklich kann. Ich bekam arge Bedenken, sogar ein schlechtes Gewissen, denn wer hat in der spannungsgeladenen Zeit wirklich die Nerven, nun alle Für und Wider zu durchdenken, in vielen Seiten herumzublättern, um genau das zu finden, was man gerade wissen soll, was man in diesem Augenblick braucht.

Offen gestanden: wenn eine bereits senkbäuchige Hündin zu scharren anfängt und mir durch ihre Lagerbindung zu verstehen gibt, daß sie jetzt eigene Sorgen hat – dann fange ich jedesmal von vorne an, das ABC der Geburt zu lernen. Vergessen ist, was man weiß bzw. zu wissen glaubt. Man erlaube mir den sentimentalen und in der gesamten Weltliteratur ausreichend strapazierten Gedanken an den Lichterbaum der Kindheit, unter dem man natürlich auch die spannungsvoll erwarteten Geschenke zu wissen glaubt. In der Sekunde, in der man endlich, endlich ins festliche Wohnzimmer darf, denkt man nicht an Weihnachtsmann oder Christkind, man denkt an überhaupt nichts, auch nicht an das, was man in frühkindlichen Jahren noch glaubt, oder an das, woran man später nicht mehr glaubt – man weiß nur, daß jetzt irgend etwas sein wird oder da ist.

Werden sich Wünsche erfüllen? Wird die elektrische Eisenbahn dabei sein – oder etwa nicht? Wenn nicht – wie verhalte ich mich dann?

Es mag für routinierte Züchter vielleicht komisch klingen – aber ich schäme mich ihnen gegenüber solcher Vergleiche wegen nicht. Ich bin kein routinierter Züchter und werde, bald 60 Jahre alt, wohl auch keiner mehr werden. Wozu auch, mit meinen komischen Bastarden kann ich ohnehin nie einen Pokal – nicht einmal ein buntes Bändchen mit Anstecknadel – erwerben.

Hier eine kleine Korrektur. Bei einer Hundeausstellung in Osnabrück hat mir Fritz Rasch das »CACIB« überreicht. Es galt mir persönlich, als Anwärterschaft auf die Auszeichnung, der schönste Dingoforscher Deutschlands zu werden. Es gab – zumindest damals – außer mir keinen anderen. Es dürfte in der Geschichte des deutschen Hundewesens der erste Beweis gewesen sein, daß ein Mensch zusammen mit den vierbeinigen Freunden als »Rassehund« – dazu noch als besonders schöner – ausgezeichnet worden ist.

Mein Freund Fritz Rasch wollte mich verulken, das ist natürlich klar, vor allem für jeden, der ihn kennt. Wer ihn nicht kennt, hat viel versäumt. Was er aber mit Sicherheit bei seiner Spontanhandlung damals, nach glücklichem Abschluß der von ihm organisierten Hundeausstellung, nicht bedacht hat, ist, daß mich diese Medaille täglich an alle jene Hunde erinnert, die sich auf solchen Ausstellungen exhibitionieren müssen. Ein Wort, das als krankhafte Erscheinung bei Menschen als »Exhibitionismus« eine böse Bedeutung hat, im englischen Sprachgebrauch dagegen als »exhibition« ganz harmlos »Ausstellung« bedeutet. Ich will hier nicht vom Ausstellen der Hunde reden – das gehört nicht in ein Geburtenbuch. Aber ich weiß, wovon ich spreche. Als ich mich selber einige Jahre lang auf Ausstellungen dem Vertrieb meiner Bücher wegen, aber auch – und das mit einigem Erfolg – für meine »Gesellschaft für Haustierforschung e. V.« im wahrsten Sinne des Wortes »ausstellte«, hatte ich genügend Zeit, über alles nachzudenken. Tausende von Hunden aller Rassen habe ich gesehen – da waren sehr schön geratene Hunde dabei, bei denen mein Herz höher klopfte, leider auch andere, denen man ansah, daß sie psychisch mit dieser Umweltsituation einer solchen Monsterausstellung ebensowenig fertig wurden wie ich. Dann wurde mir eines Tages von zuständiger Seite aus nahegelegt, diese Ausstellungen nicht mehr zu besuchen. Ich bin dankbar dafür – was ich damals auch zum Ausdruck brachte –, weil ich jetzt wieder mit den echten Wölfen oder deren legitimen Nachkommen heulen kann und nicht mehr mit den Hähnen am Gipfel des Misthaufens krähen muß.

Denn was da gezeigt wird, ist keine Leistung, sondern sind Zufallsergebnisse irgendwelcher undurchsichtiger – in fast keinem Fall wirklich erkannter – Erbgänge, Ergebnisse einer besonderen Fütterung und sonstiger Aufzuchtmaßnahmen. Kein Richter kann ahnen, ob die vorgeführten Hunde in Aussehen und Auftreten einen »Genotypus« vorstellen oder nur einen künstlich beeinflußten »Phänotypus«. Es ist nicht möglich, zu entscheiden, was aus der Erbmasse und was aus der Aufzucht kommt.

Noch unmöglicher ist es für die Ausstellungsrichter, zu entscheiden, ob die Mutter jedes vorgeführten Hundes ihre essentielle biologische Leistung gebracht hat oder nicht. »Schön« im Sinne vielfach angeprangerter »Rassestandards« (hierzu meine Ausführungen in »Hunde ernst genommen«, Seite 219–271) kann ein Hund durchaus sein. Ob aber seine Erbmasse so »schön« ist, steht auf einem anderen Blatt – auf einem, das der Ausstellungsrichter nicht zu sehen bekommt.

Das ist aber auch die Erklärung dafür, warum ich, der ich ja keinen Hund auf eine Ausstellung führen kann, vor jeder Geburt weiche Knie bekomme. Auch meine Hunde sind Geschöpfe meines Willens, meiner Vorstellungen. Ich muß vor jeder Geburt bangen, weil ich nicht weiß, ob sich meine Vorstellungen mit den Gegebenheiten und Zufälligkeiten natürlicher, außerhalb meiner Macht (oder besser: Ohnmacht) stehender Abläufe decken. Niemand außer mir ist für jede Geburt bei meinen Hunden verantwortlich. Selbst dann, wenn entgegen meinen Plänen – wie das schon mal passieren kann – ein freigekommener Rüde eine Hündin außerplanmäßig deckt. Da bin ich auch schuld daran – hätte besser aufpassen sollen …

Diese Verantwortung erstreckt sich zunächst darauf, dafür zu sorgen, daß eine von mir geplante oder eben nicht geplante Geburt auch glatt verlaufen wird. Natürlich weiß ich, was ich meinen Hündinnen zumuten darf, aber trotzdem bleibt da stets ein großes Fragezeichen – denken wir nur an das so unglücklich verlaufene Geschehen bei Selas zweiter Geburt im Filmzelt. Heute kann ich natürlich sagen, derartiges mache ich nie wieder. Aber hätte ich nicht schon damals so klug sein können? Das bleibt als Vorwurf, wie ich es auch drehen und wenden mag – ich habe mich damals von der Technik überrunden lassen, die so faszinierend war, als eine Art Mondflug meines Lebens, und meine Hunde haben so mitgespielt, daß ich fast wundergläubig geworden

war. Sicher – dank der Bemühungen meiner Mithelfer, dank des Einsatzes von Fritz Stapenhorst und Peter Dolpp wurde es ein großartiger Film. Das andere braucht sie, die alles getan haben, damit der Film gut wird, nicht zu bedrücken. Sie haben mir ja nur geholfen, sich auf mich verlassen.
Den Ruhm für diesen schönen und aufschlußreichen Film haben wir, das steht außer Zweifel, sonst wäre er nicht bis heute Gegenstand vieler Veranstaltungen.
So gesehen, habe ich eigentlich gar kein Recht, jene zu verurteilen, die auf »Teufel komm raus« auch auf Ausstellungen ihren Ruhm einheimsen. Oder habe gerade ich ein Recht dazu, nach jener Erfahrung, die ich aus einer Arbeit gewonnen habe, die zwar gut gemeint war, deren Ergebnis auch wirklich brauchbar ist, die mir aber hinterher – und eben erst sehr viel später – die Erkenntnis gebracht hat, daß ich meinen Hunden zuviel zugemutet hatte?
Wenn mir also Fritz Rasch das »CACIB« zuerkannt hatte, als Anwärterschaft auf den höchsten Schönheitstitel – hat er da nicht doch einen Fehler gemacht? Spaß beiseite, natürlich wird mich kein normal denkender Mensch als schön bezeichnen, nicht einmal ich mich selber – aber ist der Begriff »Schönheit« nicht auch mit einer übergeordneten Grundstruktur eines Lebewesens verbunden, die zur Arterhaltung beiträgt? Eine Schönheit, die nicht von Filmmanagern oder Modeschöpfern konstruiert wird, sondern die sich als harmonische Eingliederung in den Lebensablauf der Natur offenbart?
In diesem Sinne habe ich das »CACIB« von Fritz Rasch nicht verdient, weil ich einer Sache wegen die Gebote der Natur zwar nicht mißachtet, aber ganz einfach übersehen habe.
Keine Angst – ich werde wegen dieser hier vielleicht ein wenig übertriebenen Selbstvorwürfe nicht sterben. Ich verfalle deswegen nicht einmal in so etwas wie »Selbstzerfleischung«. Ich sage nur, daß ich etwas falsch gesehen habe, und das hat zum Tode einer liebenswerten Dingohündin geführt. Die Welt wird deswegen nicht untergehen. Noch viel mehr Fehler habe ich in meiner Hundehaltung gemacht – einige davon mit weitaus schlimmeren Folgen.

Man kann noch so gescheit sein, noch soviel wissen, noch soviel Erfahrung haben – es ist immer anders, als man denkt, es kann immer anders kommen. Wie unser »Schnuffi« gesagt hat: »Die Natur kann so – sie kann aber auch ganz anders.« Oder wie ich es in der Einleitung zu »Meinen wilden Freunden« berichtet habe – den Ausspruch von Wilhelm von Marinelli: »Je weiter man als Forscher in die Geheimnisse der Natur eindringt, desto deutlicher erkennt man, wie unergründlich sie ist.«

Konrad Lorenz – er mag damals etwa 65 Jahre alt gewesen sein – sagte einmal in etwa folgendes: »Jetzt erst, nachdem ich 40 Jahre an Graugänsen gearbeitet habe, weiß ich, wo wir bei ihnen mit der Erforschung ansetzen müssen.«

Mir geht es heute auch so. Als ich mein Buch »Mit dem Hund auf du« 1970 fertiggestellt hatte, glaubte ich, über die Geburt ohnehin schon alles zu wissen. Heute, rund ein Dutzend Jahre später und nachdem ich in der Einleitung zu diesem Buch den Eindruck erweckt haben könnte, anzugeben, kann ich sagen: Freunde – helft mir! Ich bin nur das Kind, das unter dem Lichterbaum steht, das das Wunder der Geburt strampelnder, hilfloser Wesen zwar zu registrieren weiß, mit Tonband, Stift und Photoapparat, auch mit Film – aber eben auch weiß, daß wir alle nur am Anfang stehen und unbedingt einen Weg finden müssen, mehr zu verstehen, besser zu begreifen, den Geschöpfen der vom Menschen veränderten Natur das zurückzugeben, was andere unbedachtsam ihnen weggenommen haben. Seid doch alle so ehrlich wie ich und bekennt, daß man einfach nicht immer Herr der Situation ist, daß man Fehler macht, dies und jenes falsch gesehen hat! Das ist doch keine Schande – es gibt nun mal keinen einzigen Menschen auf der Welt, der gescheiter als die Natur ist.

Vergessen wir niemals: wir brauchen die Hunde genauso wie unsere Mitmenschen. Ich lehne Menschen ab, die keine Mitmenschen brauchen, sondern nur Hunde, und ich lehne alle Hunde ab, die nur Menschen brauchen und keine anderen Hunde! Beide sind pervers!

Konrad Lorenz hat einmal in seinem bahnbrechenden und für mich grundlegenden Buch »So kam der Mensch auf den Hund« – womit er mich offenbar vorausgeahnt hat – darauf hingewiesen, daß Menschen, die ihre Artgenossen zugunsten von Tieren ablehnen, Sodomiten sind. Ich kann das auch bestätigen, nach vielen Erfahrungen mit sogenannten »Hundefreunden«, und wer darüber mehr wissen will, lese bei Wilhelm Wegner nach. Zusätzlich kann ich aber auch sagen, daß es eine Million Hunde gibt, die durch falsche Aufzucht ebenso »Sodomiten« sind, weil sie nur Menschen »lieben« und ihre eigenen Artgenossen ablehnen.

Beide pervertierten Abkömmlinge unterschiedlicher Spezies können sich dadurch nicht mehr fortpflanzen und ihr geschädigtes Erbgut nicht weitergeben. Es ist ja von der Natur weise eingerichtet, daß sich so manche Erbschäden nicht weitergeben lassen. Ich meine hier ganz deutlich solche, die eine Fortpflanzung der jeweiligen Art ausschließen.

Leider gibt es auch solche, die geschädigtes Erbgut dennoch weitergeben können – oder, sofern sie es nicht mehr können, dank fortpflanzungsphysiologischer Techniken (etwa Samenbänke, künstliche Besamung) doch noch tun. An diesem Punkt hört die von der Natur gesteuerte Evolution, auch die Evalation (im Sinne höherer Wertgebung), auf. Hier beginnt unwiderlegbar die Degeneration, die Entwertung des von der Natur geschaffenen Lebensniveaus, hier beginnt der Untergang einer jahrmilliardenalten Entwicklung vom Anorganischen zum erkennenden, erfassenden, begreifenden Organischen. Wo dieses aber pervertiert, führt es zum Untergang der Art.

Der Mensch hat die Möglichkeit genutzt, aus Wildtieren Haustiere zu machen. Er hat sehr viel Erfolg damit gehabt. Die Haustiere haben es ihm ermöglicht, sich den Daseinskampf etwas einfacher zu machen.

Vor der Industrialisierung und Monetarisierung unserer Welt hat er sich seinen Haustieren gegenüber loyal verhalten. Heute sind sie nur mehr ein gewinnbringender Wirtschaftsfaktor. Auch den Hund hat er zu einem solchen degradiert – nicht nur die eßbaren Nutztiere.

Mit dieser Degradierung kam die Degeneration über unsere Hunderassen. Aber es gibt noch einen Optimisten in Sachen Hund. Der bin ich. Glücklicherweise bin ich nicht allein – ich weiß, daß ich zu diesem

Optimismus Grund habe. Wie habe ich doch einmal geschrieben? War es nicht so: »Seitdem ich die Hunde kenne, liebe ich die Menschen«?
Ja – ich habe viele, so unendlich viele Menschen durch die Hunde kennengelernt, daß ich nicht aufhören kann, an das Gute im Menschen zu glauben. Damit meine ich alle jene Menschen, die Hunde nicht »lieben«, sondern die, die wissen, welch große Verantwortung man für das freundliche, zur echten Freundschaft befähigte Tier namens Hund hat.

Meine Bücher schreibe ich nur für diese Menschen – und für deren Hunde. Ich muß es immer wieder sagen: Es gibt kein anderes Tier auf der Welt, das unserer Lebensart so nahekommt. Wir können mit allen Tieren dieser Welt guten Kontakt bekommen, wenn wir wollen; aber so einen innigen wie mit dem Hund wohl kaum mit irgendeinem anderen Tier.

Mit afrikanischen Elefanten hatte ich einmal gute Kontakte, so eine rechte Kumpelschaft. Mit Katzen kam ich sehr gut aus. Mit Pferden habe ich wunderschöne Erlebnisse gehabt. Noch mit vielen anderen Tieren. Löwen, Tiger, Schlangen usw.

Aber der Hund ist etwas anderes. Natürlich bei weitem kein Mensch. Aber ziemlich nahe dran. Mehr als ein Schimpanse, der immer Egoist bleibt. Auch wenn er noch so lieb sein kann – seinen primitiven Egoismus kann man ihm doch an den Augen ablesen.

Noch viel hätte ich hier zu sagen – doch ziehen wir das Fazit aus diesem Kapitel:

1. Nochmals über alles nachdenken. Das schadet nie.
2. Andere Bücher lesen, die von der Geburt bei Hunden berichten.
3. Darüber nachdenken, ob man wirklich mit seiner Hündin züchten soll.
4. Im Ernstfalle sich selber Rechenschaft ablegen und
5. zu diesem Zweck sorgfältig alle jene nachstehenden Fragen überprüfen, gemeinsam mit der Hündin.

Diese Fragen sollen kein »Fragebogen« sein. Was ich von solchen halte, habe ich meinen Lesern – und natürlich damit auch dem

Geburtenforscher Cornelis Naaktgeboren – schon sehr respektlos gesagt. Wie schon eingangs dieses Abschnittes erwähnt: wenn es bei der Hündin soweit ist, hat nach meiner persönlichen Erfahrung kein Mensch Zeit und Nerven, etwas in einem Buch nachzulesen. Man steht da immer vor dem Nichts.

Weil ich das selbst schon so oft erlebt habe, hatte ich mir längst vorgenommen, eine Art von Schema zu machen, in das man nur »Ja« oder »Nein« oder Uhrzeiten einzutragen braucht. Jetzt bin ich, wegen dieses Buches, endlich einmal gezwungen, diesen Vorsatz zu verwirklichen. Vor allem deswegen, weil ich weiß, daß ich damit keine uninteressierten Fragebogenausfüller auf meiner Seite haben werde, sondern Menschen, die mitarbeiten wollen. Auf diese Freunde baue ich!

Abb. 2 Um den Geburtsvorgang bei meinen Hündinnen möglichst genau beobachten zu können, teilte ich in der Grubmühle ein blind endendes Flurstück von mehr als drei Meter Länge ab, das direkt an mein Arbeitszimmer angrenzte. So konnte ich gleich zur Stelle sein, wenn es soweit war. Natürlich kam die jeweilige Hündin bereits acht Tage vor dem zu erwartenden Geburtstermin in diesen »Geburtsraum«, in dem sie anschließend meist noch zwei bis drei Wochen nach der Geburt mit ihren Welpen bleiben durfte. Damit war auch eine ideale Möglichkeit gegeben, tägliche Kontrollwägungen durchzuführen und die Frühentwicklung der Welpen zu studieren. Die Einrichtung war denkbar einfach: Sperrholzplatten an den Wänden als Hintergrund und in der Ecke ein der Größe der Hündin angepaßtes Brett, das ringsum mit Holzleisten benagelt war. Das war das Wurflager – doch davon später mehr. Das Fenster am Flurende war vergittert. Nur bei sehr harter Winterkälte wurde es mit einem Tuch zugehängt – nicht wegen der Hündin, sondern dem Beobachter zuliebe. Vorne steht schon die Waage bereit, auf Wandregalen wurden Tonbandgerät und Photoausrüstung zurechtgelegt. – Übrigens: in den meisten Fällen, wie im Bild, wohnte hier auch der Rüde.

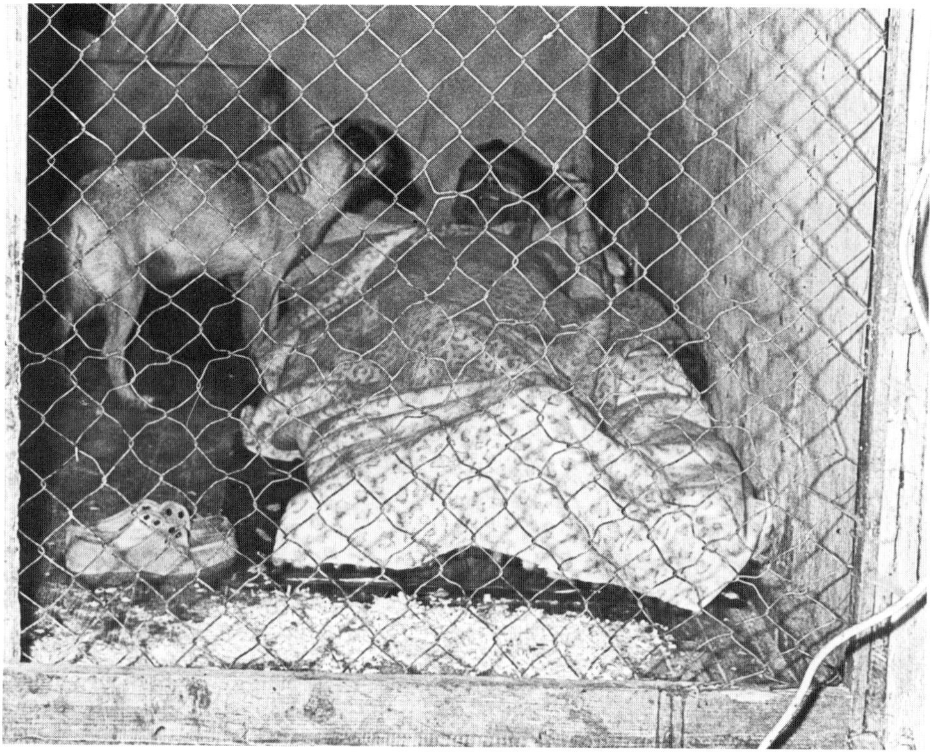

Abb. 3 Besonders wichtig war uns die Verbindung zwischen einem Goldschakal und einer Mischlingshündin (Dingo/Elchhund), die hier erstmals am 11. Juni 1974 gelungen ist. Diese Hündin »Nora« kam allein in den Geburtenzwinger, da der Schakal sehr scheu war. Ich schlief aber nicht bei ihr, damit sie Gesellschaft hatte, sondern weil wir nicht sicher waren, wie lange sie tragen würde, und ich tagsüber viel zu tun hatte. Da wir diese Geburt aber auf keinen Fall versäumen durften – wir wollten sie auch filmen – gab es keine andere Möglichkeit. Ich stellte mir ein Feldbett in den Geburtenzwinger und konnte so beruhigt schlafen, falls Nora, die sich über diese Aufmerksamkeit sehr freute, nicht gerade das Bedürfnis hatte, mir mit der Zunge über das Gesicht zu fahren. – Ganz grundsätzlich haben wir die Erfahrung gemacht, daß es vor dem Werfen (bei Hunden gewöhnlich »wölfen« genannt) alle Hündinnen sehr gern haben, wenn man sich viel um sie kümmert, und wenn es soweit ist, wollen sie einen überhaupt nicht mehr weglassen. Je näher die große Stunde kommt, um so anschmiegsamer wird die werdende Mutter. Selbst sonst sehr scheue Hündinnen dulden dann engere Kontakte mit dem Menschen, vor allem während der Geburt.

Abb. 4 Beim Anblick dieses roten Gebildes denkt man vielleicht an ein von fernen Planeten auf die Erde gekommenes Raumschiff, vielleicht auch an ein Zirkuszelt besonderer Art. »Zelt« ist jedenfalls richtig. Es ist 5 Meter hoch und 8×8 Meter im Grundriß. Man kommt aber auf keinen Fall auf den Gedanken, daß das mit einer Hundegeburt zu tun haben kann. Und dennoch wurde es in der schönen Landschaft hinter der Grubmühle errichtet, um einer Hündin als Wurfstätte zu dienen. Die Dingohündin Sela dürfte wohl die einzige Hündin der Welt sein, der eine solche Auszeichnung zuteil geworden ist. Daß sich dieser Aufwand und die viele Mühe (auf den folgenden Seiten dargestellt) aber gelohnt haben, wird jeder bestätigen, der den in diesem Riesenzelt gedrehten Film schon einmal gesehen hat. Seit 1975 läuft er bis heute unter dem Titel »Verhaltensforschung beim Wildhund – Geburt und Frühentwicklung des Welpen« in Hundevereinen, Schulen, bei Veranstaltungen für Tierärzte und anderswo. Auch im Ausland, soviel mir bekannt ist. Zwei Bildfolgen sowie viele Photos, die ich während der Dreharbeiten machen konnte, sind auch in diesem Buch enthalten. Es war die aufwendigste Hundegeburt meines Lebens – auch für die Hündin Sela!

Abb. 5 Während des Zeltaufbaus eine Lagebesprechung. Rechts mein Freund Fritz Stapenhorst, der Regie führte und dann in geduldiger Kleinarbeit auch den Filmschnitt besorgte, links in der Mitte der Konstrukteur dieser »Verspannungskonstruktion«, Jochen Schilling, flankiert von seinem Mitarbeiter und dem Kameramann Peter Dolpp. Rechts vorne das Modell des Zeltes, das mit einem kunststoffbeschichteten Fußboden sowie Holzwänden, Tür und Fenster versehen worden ist.

Abb. 6 Ein Blick in das Innere des Filmzeltes, nachdem es fertiggestellt war und wir der Dinge harrten, die da kommen sollten. Filmkameras, verstellbare Scheinwerfer (sechs weitere gegen die Decke gerichtete Scheinwerfer, die das ganze Zelt mit gleichmäßigem Licht versorgten, sind hier nicht zu sehen), ein kreisrunder Tisch von vier Meter Durchmesser, drehbar, hydraulisch zu heben und zu senken, kunststoffbeschichtet, Tonbandgeräte und manches mehr gehörten nun ebenso zur »ständigen Einrichtung« wie Fritz Stapenhorst und der Kameramann Peter Dolpp (rechts). Erwähnt sei noch ein elektrischer Ofen, der aber nicht in der Lage war, das Kunststoffzelt zu erwärmen. Wir haben viel gefroren, denn es war November, der in Oberbayern bitter kalt sein kann – und das war er damals ganz besonders. Gelegentlich hatten wir minus zwei Grad Celsius im Zelt.

Abb. 7 Eine der wichtigsten Arbeiten war das Sauberhalten des Tisches, mehrmals am Tag: Hier bemüht sich Erika Mundo, die mit den Hunden besonders engen Kontakt hatte. Man sieht, es sind drei Hunde: die Hauptdarstellerin vorne links, dahinter als Komparse ihr Sohn vom Vorjahr und rechts der Rüde Paso, der sich sehr wichtig vorkam, obgleich er nur eine Nebenrolle zu spielen hatte. Wir mußten die beiden Rüden »mitspielen« lassen, denn ohne sie wäre die Hündin nie auf diesem Tisch geblieben. Gerade das aber brachte uns viele reizvolle Aufnahmen vom Verhalten der Hunde, das in jenem Film besonders wirksam zur Geltung gekommen ist.

Abb. 8 Hündinnen, die dazu Gelegenheit bekommen – auch fast alle Rassehündinnen –, graben sich wenige Tage vor der Niederkunft eine Höhle, wie diese nichtgeprägte, daher scheue Dingo-Elchhund-Mischlingshündin. Dabei reagiert sie ihren Scharrtrieb ausgiebig ab, scharrt daher kurz vor dem Werfen weniger lebhaft und ausdauernd als eine Hündin, die – etwa im Haus gehalten – keine Möglichkeit zum Graben gehabt hat.

Abb. 9 Ursprünglich hatten bei uns alle Hunde Hütten. Standen diese an einem Hang, wurden sie durch Pfähle abgestützt. Geworfen hat aber keine einzige Hündin je in einer Hütte, sondern sie wurde bestenfalls als Dach für die Höhle, die darunter ausgegraben wurde, benutzt. Das eigentliche Wurflager ist nur zur Hälfte ganz rechts im Bilde erkennbar. Da bereits Welpen vorhanden sind, beäugt mich die Hündin mißtrauisch in Sorge um ihren Nachwuchs. Sie hatte mich auch noch nie bäuchlings unter die Hütte kriechen sehen – das war neu für sie.

Abb. 10 Das ist nun das Wurflager unter der Hütte, in das ich natürlich nicht besser hineinphotographieren konnte. Aber man kann auch so erkennen, wie schlicht ein solches Lager in der Erde ist. Die Welpen liegen einfach auf dem etwas muldenförmig vertieften Erdboden, auf sonst nichts. Wozu auch? Typisch ist, daß die Welpen einen dichten Haufen bilden, sobald sie allein sind, und keinen Ton von sich geben, um etwaige Freßfeinde nicht auf sich aufmerksam zu machen.

Abb. 11 Hier sehen wir einen anderen Fall. Der Untergrund neben dem Gemäuer ist hart und steinig, dazu völlig eben. So hat sich die Hündin mit einer seichten Bodenmulde begnügt.

Abb. 12 Wenige Tage nach der Geburt begann es zu regnen – 14 Tage lang. Ein Sack, den wir ihr gegeben hatten, blieb aber trocken: Es hatten sich die anderen sieben Dingos schützend über die Hündin gelegt!

Abb. 13 Viele Züchter legen Stroh in die Wurfbox. Was die Hündin damit macht, zeigt diese Mischlingshündin. Sie hat es einfach zur Seite geschoben und läßt ihre Welpen auf dem sorgsam gesäuberten Holzboden liegen. Stroh ist beim häufigen Belecken der Welpen nur hinderlich und wird daher abgelehnt.

Abb. 14 Einmal gefiel einer Dingohündin die hüttenförmige Wurfbox nicht. Sie wählte eine flache Holzkiste mit Hobelspänen, die eigentlich für gewisse andere Bedürfnisse gedacht war. Natürlich hatte sie zuvor versucht, das Material beiseitezuschieben, aber es rutschte während der Geburt durch die Bewegungen der Hündin immer wieder nach. So konnte sie den Holzboden nie ganz sauber halten, und überdies klebten die Späne an den nassen Welpen. Noch schlimmer ist es bei Sägemehl. Dieses feine Material enthält sehr viel Holzstaub, der sich nicht nur in das Fell der feuchten Welpen klebt, sondern auch in deren Mundhöhle und Nasenräume gelangt, was zu entzündlichen Schleimhautreizungen und sogar zum Tod der Welpen führen kann.

Abb. 15 Die Erfahrungen mit dem Sägemehl führten dazu, daß wir für die Filmaufnahmen eine »Wurfschale« entwickelten. Sie war dem Höhlenboden nachempfunden, also oval, in der Mitte leicht vertieft und hatte einen sehr niedrigen Rand, der nur dazu diente, daß sich die Hündin mit den Pfoten während der Wehen abstemmen kann und die kleinen Welpen nicht über den Rand kriechen. Diese Schale war aus weiß lackiertem Holz. Da wir ursprünglich dachten, sie könnte zu glatt sein, legten wir eine dicke Gummimatte ein. Später entfernten wir sie wieder, weil sie sich als unnötig erwies. Selbst die heranwachsenden Welpen kamen schnell mit dem glatten Untergrund zurecht. Er durfte freilich nicht feucht sein, da sie sonst beim Abstemmen mit den Hinterpfoten, wie sie das während des Saugens tun, ins Rutschen kamen. Durch Unterlegen eines Holzstückchens versucht hier ein Mitarbeiter für die Filmkamera eine leichte Neigung herzustellen, damit der vordere Bordrand nicht ins Bild kommt. Wie man sieht, konnte man mit der Hündin alles anstellen, und der Rüde sieht zu.

Abb. 16 Fox und Fera, deren Mutter eine thailändische Pariahündin, deren Vater ein Mischlingshund (Dingo/Elchhund, siehe hierzu »Hunde ernst genommen, Seite 70–71) war, wenige Stunden vor der Geburt. Der Rüde hält – man ist versucht zu sagen: sorgenvoll – bei seiner ruhenden Hündin Wache. Gewiß ist, daß er mit dem veränderten Verhalten der Hündin nichts anzufangen weiß. Einen fremden Hund würde er sofort angreifen und verjagen.

Abb. 17 Da die Geburt bei Sela knapp bevorstand, reinigten wir ihre Wurfschale nochmals ganz gründlich und stellten ihr so lange diese viereckige Kiste hin. Auch sie wurde sofort angenommen, der Rüde legte sich lang, und Sela setzte sich einfach auf ihn drauf – so war für beide Platz.

Abb. 18 In dem Kunststoffzelt entwickelte sich bald sehr viel Feuchtigkeit. Daher streuten wir immer wieder Holzspäne, die danach weggekehrt werden mußten; anschließend wurde der Tisch noch mit Tüchern trockengerieben. Uns wurde dabei die lange Wartezeit durch diese Beschäftigung leidlich verkürzt. Nicht so den Hunden, die sich ziemlich langweilten. Wie man sieht, hatte der Rüde Paso die Wurfschale zunächst für sich allein in Anspruch genommen. Sela liegt daneben, ihr einjähriger Sohn Puma hat sich an sie gedrängt, den Kopf auf ihrem Rücken. Ein derartiges Kontaktliegen ist nur bei kaltem Wetter üblich – und es war sehr kalt! Normalerweise gibt es dieses Kontaktliegen bei Welpen und verliert sich nach und nach, wenn die Junghunde ein halbes Jahr alt werden. Dann achtet man mehr auf Individualabstand, und nur große Kälte kann sie wieder zum Gruppenliegen bringen.

Abb. 19 Am Vormittag des 9. November merkte man der Hündin schon sehr deutlich an, daß es nun nicht mehr lange dauern könnte. Der Bauch begann sich immer tiefer herabzusenken, wobei die Lenden nach und nach einsinken. Unter Einwirkung des Hormons Relaxin erschlaffen die Bindegewebe und die Beckenbänder, wodurch das Gewicht der geburtsreifen Welpen nach unten drückt. So wird die Hündin im Kreuz schmäler, und der Bauch wirkt nun größer. Das probeweise vorgelegte Futter wird zwar sorgsam berochen, aber nicht mehr gefressen. Auffallend ist auch die fest angepreßte Rute, die nun die Geburtsöffnung (Vulva, Wurf oder Nuß genannt), die sehr häufig gesäubert wird, vor Schmutz und Kälte schützt. – Sicherlich hat diese Rutenhaltung auch eine Signalfunktion. Die Hündin ist in diesem Zustand verunsichert. Man deutet das Einklemmen der Rute als Ausdruck der Demut oder Unterlegenheit – es signalisiert dem Ranghöheren oder Gegner damit, daß man sich ergibt. Abgeleitet wird die Deutung von der Annahme, daß diese Rutenhaltung dazu dient, die Geruchsstoffe der Analdrüsen – den Individualgeruch – abzuschirmen. In diesem Fall wird aber dann bei höchster Stufe dieses Ausdrucksverhaltens auch die Rutenspitze unter den Bauch gebracht. Bei Sela ist das nicht der Fall, man könnte meinen, daß sie gar nichts zum Ausdruck bringen will, sondern daß hier die Schutzfunktion allein verantwortlich ist. Die Hündin ist überdies in einer leicht reizbaren Stimmung und duldet es nicht, daß einer der Rüden sie in der Analregion beschnuppert. Jene entwickeln nun einen gewissen Respekt vor ihr und belästigen sie nicht. Sie rückt nun zum »Alpha-Tier«, zur ersten Ranghöhe, auf.

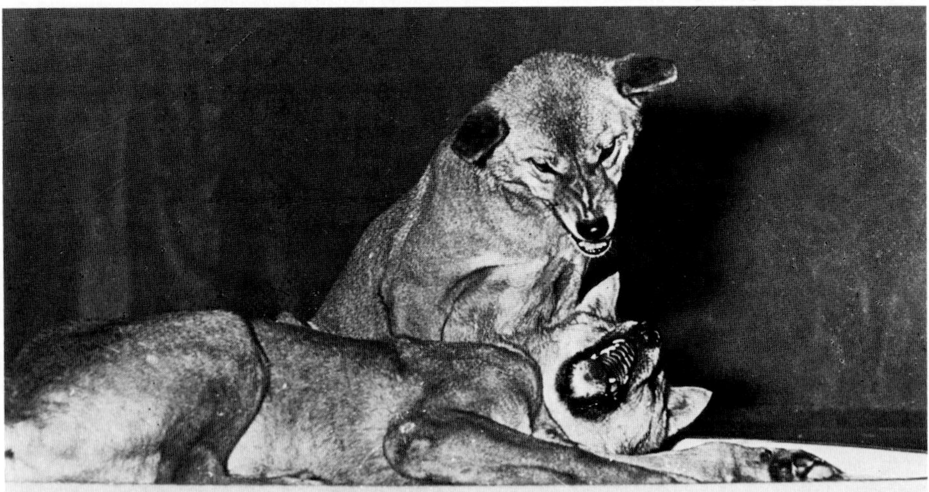

Abb. 20 Im Laufe des Tages war die Hündin ziemlich unruhig, wanderte viel umher, legte sich stets nur ganz kurzfristig hin und wandte sich nachmittags der Wurfschale zu, in der der Rüde friedlich schlummerte. Er ließ sich auch nicht stören, als sie sich mit den Vorderbeinen über ihn stellte. Zunächst ließ sie sich das noch gefallen.

Abb. 21 Schließlich wurde ihr das zu bunt, und sie knurrte ihn ganz energisch an. Er wußte zunächst nicht, was es bedeuten soll, und schrie fast nach Welpenart auf. Er hoffte wohl, damit ihre aggressive Haltung zu beschwichtigen. Aber es half nichts – er mußte das Wurflager verlassen.

Abb. 22 So hatte die Hündin nun die Wurfschale für sich und schlief lange und fest, ebenfalls ein Zeichen, daß die Geburt bevorstand. Der Schlaf wurde erst am Abend öfter unterbrochen. Aber noch hatte die Vorstufe zur eigentlichen Geburt, die Eröffnungsphase, nicht eingesetzt, auch das zwanghafte Scharren trat noch nicht auf. Paso und Puma hielten sich in einigem Abstand von ihr auf. Nur ganz gelegentlich wagte sich Paso ein wenig an die ruhende Hündin heran, beschnupperte sie vorsichtig, stellte sich auch einmal mit den Vorderbeinen in die Wurfschale, wagte es aber nicht, die Hündin zu stören. Er blickte ziemlich ratlos in die Gegend und zog sich danach wieder zurück.

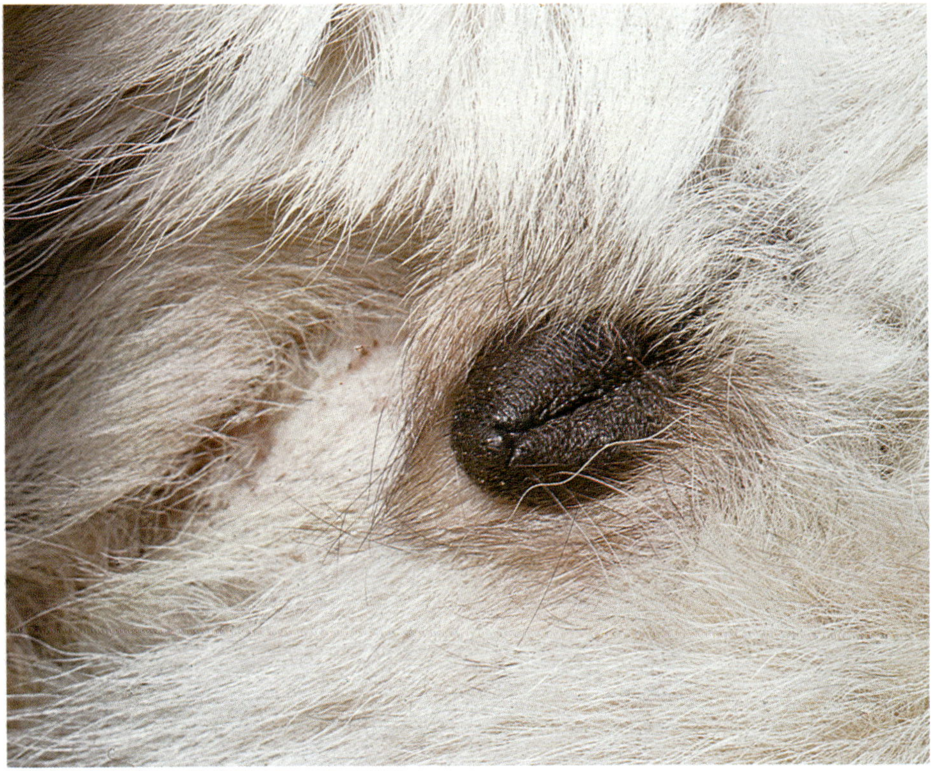

Abb. 23 Kurz vor der Geburt schwillt das äußere Geschlechtsorgan der Hündin an, ähnlich wie während der Läufigkeit. Die Aufnahme zeigt die Vulva (Pudendum femininum oder Cunnus) der Elchhündin Binna Stunden vor dem Werfen. Durch die Schwellung sind die einzelnen Anteile gut zu erkennen. Beiderseits der Schamspalte (Rima vulvae) befinden sich die Schamlippen (Labia vulvae), die sich in einem oberen Schamwinkel (Commissura labiorum dorsalis) vereinen; in dem unteren Schamwinkel (C. l. ventralis), der spitz zuläuft und etwas über den Sitzbeinausschnitt herabreicht, befindet sich der Kitzler (Klitoris). Am Außenrand der Labien ist beiderseits noch ein schwach ausgeprägter Labialwulst zu erkennen. Die die Geschlechtsöffnung (Geburtsweg) umschließenden Labien bestehen aus fettreichem Unterhautgewebe, in dem sich Muskelfasern befinden, ferner aus lockerem Binde- und Fasergewebe, das reichlich durchblutet wird. Unter Hormonwirkung wird vor der Geburt das Gewebe gelockert und aufgeschwemmt, was notwendig ist, um die Dehnbarkeit beim Austritt der Frucht zu gewährleisten und Zerreißungen zu verhindern. Dem dient auch das Belecken der Labienhaut, die dadurch entsprechend geschmeidig wird.

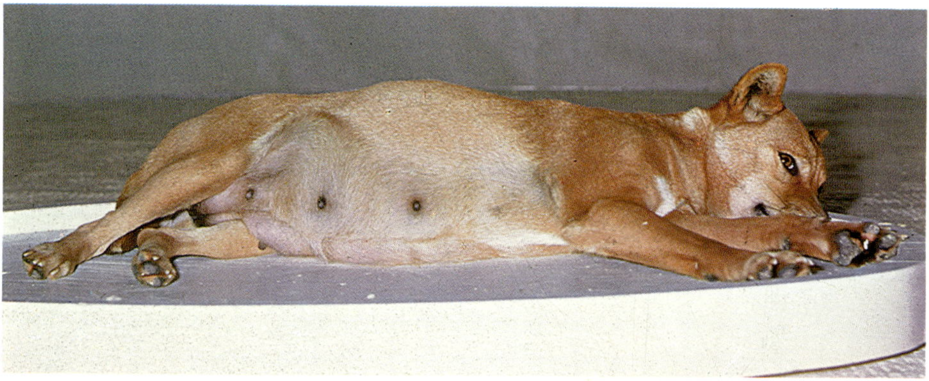

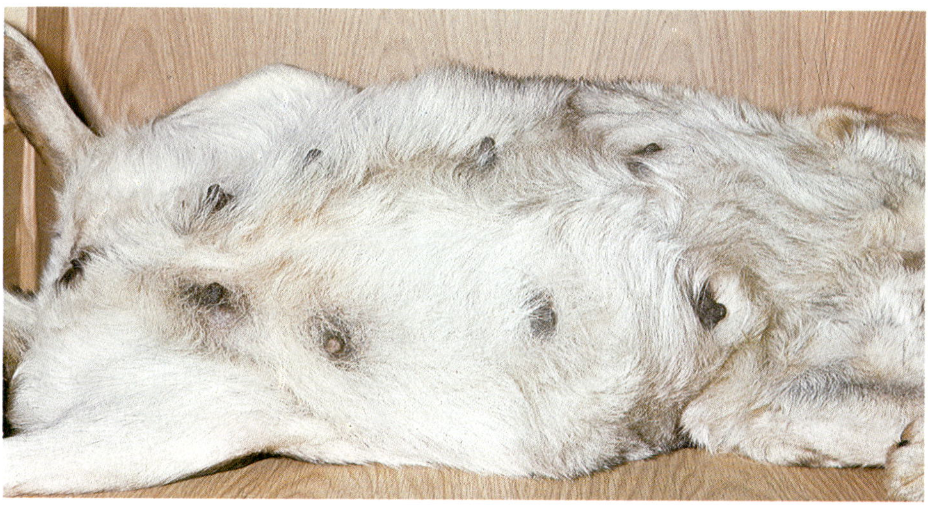

Abb. 24 Das Gesäuge von Sela Stunden vor der Geburt zeigt die zunehmende Größe der Milchdrüsen, von vorn nach hinten zu ansteigend. Die erste Zitze ist kaum entwickelt, führt auch wohl nur ausnahmsweise Milch. Am stärksten ist das letzte Zitzenpaar entwickelt.

Abb. 25 Anordnung der vier Zitzenpaare bei der Elchhündin Binna kurz vor der Geburt. Auch hier ist in dem dichten Fell das erste Paar nicht sichtbar, da es kaum entwickelt ist. Viele Insektenfresser – so unser Igel – bekommen bis zu zehn Junge. Demgemäß haben sie auch sechs Zitzenpaare. Bei den Hundeartigen hat sich die Zahl der Jungen eines Wurfes auf fünf bis sechs, ausnahmsweise auch bis acht, reduziert. Zitzenzahl und Wurfgröße sind also aufeinander abgestimmt.

Abb. 26 Das Anschwellen der Milchdrüsen setzt gewöhnlich in der zweiten Hälfte der Tragzeit ein, erstmals fühlbar beim letzten Zitzenpaar. Fünf bis sechs Tage vor der Geburt gibt dieses Paar bereits etwas Milch ab, bald folgen die anderen Paare, und am Tag des Wölfens (hier die Dingo-Elchhund-Mischlingshündin Nora) führt auch das Paar Nummer 2 (ab dem funktionslosen Paar Nummer 1 gerechnet) Milch in ausreichender Menge.

Abb. 27 Die Dingohündin Sela vier Tage vor der Geburt ihrer Welpen. Mit Ausnahme des letzten Paares treten die Milchdrüsen nicht übermäßig stark hervor. Bei vielen Rassehunden, die sich durch Bindegewebsschwächen auszeichnen, kann es jetzt schon zu einem tiefen Durchhängen der Milchdrüsen kommen, die sich nach Ende der Säugeperiode (sieben bis acht Wochen) auch nicht mehr so gut zurückbilden, wie das bei Wildhunden der Fall ist.

Abb. 28 Bei Hausschweinen hat man festgestellt, daß jedes Ferkel »seine« Zitze hat (»Zitzenpräferenz«). Hunde versuchen stets, möglichst das größte Zitzenpaar zu erreichen, wie dieser kleine Schakalbastard bei Nora.

Abb. 29 Sind die Welpen schon größer, dann führt das dazu, daß das letzte Paar überbeansprucht wird und vorübergehend keine Milch mehr abgibt. Das veranlaßt dann die hungrigen Welpen, sich auch um die vorderen Zitzen zu kümmern. Die Milchproduktion der Drüsen entspricht dem »Saugdruck« – ein Einzelwelpe bewirkt eine geringere Milchproduktion als ein Wurf von sechs bis acht Welpen. In ersterem Fall stellen die Drüsenpaare 2 und 3 die Milchproduktion fast ganz ein, im anderen Fall werden auch sie zu Höchstleistungen veranlaßt, um den Tagesbedarf für jeden Welpen zu decken – aber nicht mehr!

Abb. 30 Diese wie die beiden folgenden Aufnahmen zeigen die Dingohündin Sidney, die Großmutter von Sela und Paso, eine Stunde vor dem Wölfen. Die Eröffnungsphase tritt ein. Sie krümmt den Rücken, steht eng zusammengezogen da, mit ergeben gesenktem Kopf. Offenbar spürt sie das Geschehen in ihrem Leib; es läßt sich aber kaum sagen, ob das mit wirklichen Schmerzen verbunden ist. Hunde, die Schmerz erleiden, pflegen aufzuschreien. Sicher aber kann man darauf schließen, daß sie ein starkes Unbehagen fühlt.

Abb. 31 Sidney befand sich anfangs noch in der hüttenförmigen Wurfbox, die sie aber verließ, um sich in einen mit Sägespänen ausgelegten Winkel zu setzen. Sie wollte nicht in die saubere Box zurück und schrie auf, wenn wir sie anfaßten. Man beachte dabei den auf das äußerste angespannten Gesichtsausdruck und die geweiteten Augen. Zeitweilig geht ein Beben durch ihren Leib. Sie setzt nun auch mit dem Scharren ein, das freilich bei den umherwirbelnden Sägespänen nicht viel Erfolg hat. Immerhin kann sie ein kleines Stück des Holzbodens freilegen, doch wirken ihre Handlungen nicht so gezielt wie beim üblichen Herrichten eines Wurfplatzes.

Abb. 32 Dingos haben eine etwas weniger auffallende Mimik im Vergleich zu Wölfen, bei denen sie durch die unterschiedliche Gesichtszeichnung verstärkt wird. Dennoch kann man hier deutlich den unsicheren Ausdruck erkennen, den Sidney zeigt. Das seitliche Abstellen der Ohren steht in deutlichem Gegensatz zu dem gespannten Ausdruck im vorigen Bild. Auch der wie nach innen gekehrte Blick der weit geöffneten Augen und die angespannte Backenmuskulatur drücken deutlich aus, was in ihr vorgeht.

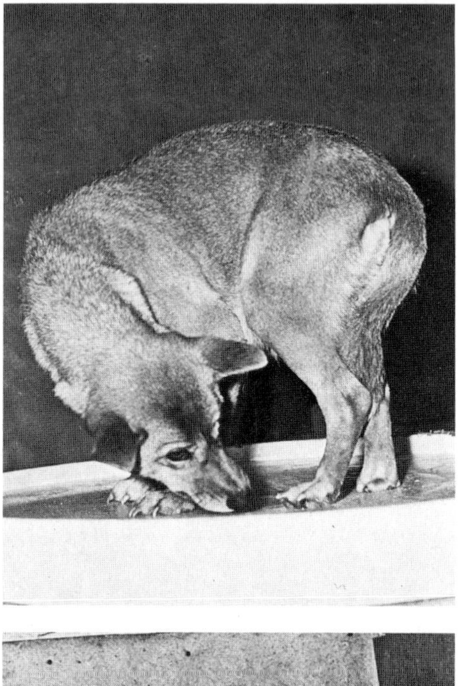

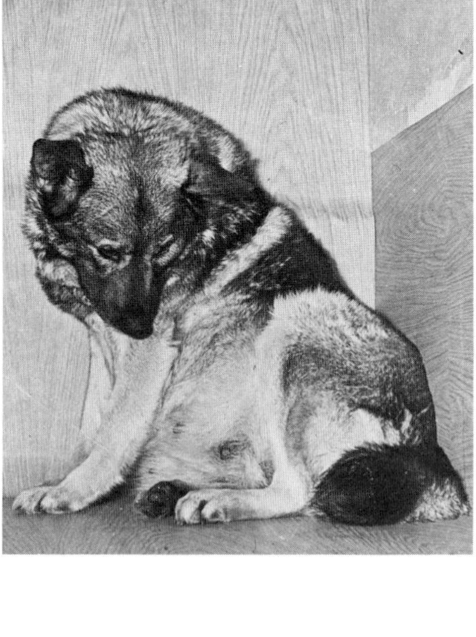

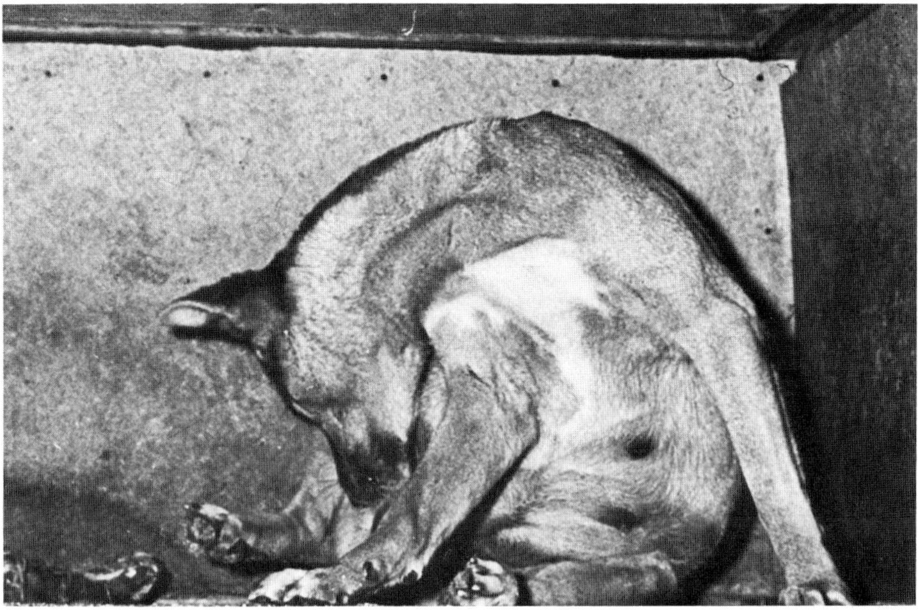

Abb. 33 bis 37 Typische Bewegungsweisen während der Eröffnungsphase bei verschiedenen Hündinnen sollen auf diesen und den folgenden Seiten vorgestellt werden. Hier wird etwa zwei Stunden vor Eintritt der Preßwehen das sehr häufige Zurückblicken gezeigt. Es sieht so aus, als wolle sich die Hündin zunächst im Genitalbereich belecken, aber sie verharrt dann auf halbem Wege (Abb. 33, Elchhündin Binna). Danach kann der Kopf ganz zu Boden gesenkt werden (Abb. 34, Dingohündin Sela), wobei der Rücken in der Lendenregion maximal hochgekrümmt wird. Die Rute ist stark angepreßt. Sitzt die Hündin (Abb. 35, Binna, und Abb. 36, Nora), kommt es häufig zu Blicken nach hinten und unten, so, als wollte die Hündin in sich hineinhorchen. Mitunter wird der Kopf ganz stark zur Bauchseite geführt (Abb. 37), wie das Sidney vorführt. Alle diese Bewegungen deuten darauf hin, daß der Hündin die das Wölfen vorbereitenden Vorgänge in ihrem Leib zu schaffen machen; die stets lauschend nach vorn gestellten Ohren wirken wie ein Versuch, diese Vorgänge zu beobachten und aufzuklären. Zu diesem Zeitpunkt finden auch die Vorwehen der Eröffnungsphase statt, wie es die Filmaufnahmen auf den Seiten 146 und 147 zeigen. Sie sind meist nicht so deutlich wie die Preßwehen, bei denen die Hündin bisweilen aufstöhnt, aber doch gut zu sehen. Zwar kann man Welpenbewegungen schon eine Woche früher durch Handauflegen spüren, nun aber werden sie unübersehbar – offensichtlich werden sie nun durch das hormonelle Geschehen aktiviert, sicher auch durch die Vorwehen, die bei ihnen eine Lageveränderung hervorrufen.

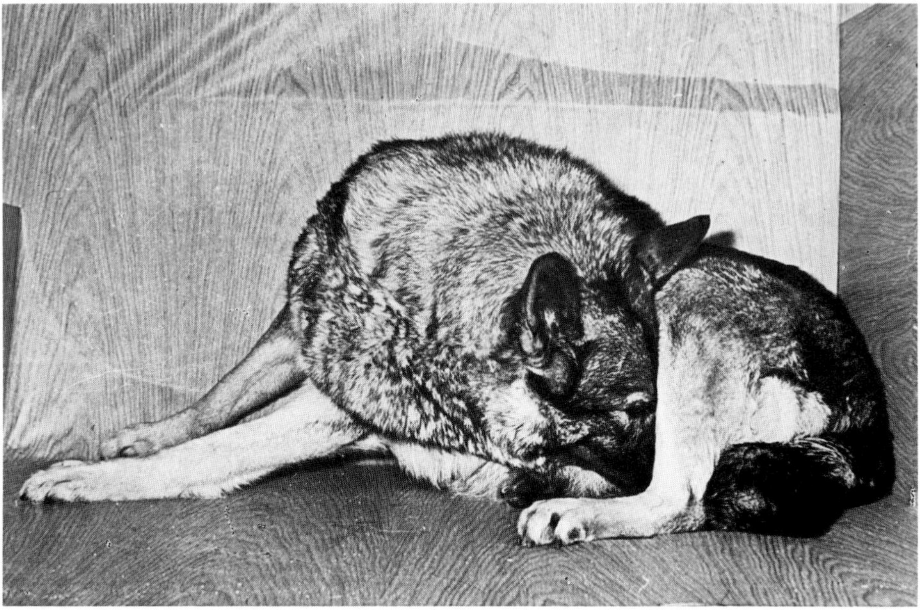

Abb. 38 Während der Eröffnungsphase kommt es zu einem häufigen Beschnuppern der Genitalregion, die auch sehr oft beleckt wird. Ebenso werden die Zitzen und deren Umgebung sorgfältig saubergeleckt. Solche Handlungen treten bereits Stunden vor dem Beginn des eigentlichen Geburtsgeschehens auf und dann während der Eröffnungsphase, wenn eine Pause zwischen den Vorwehen eintritt.

Abb. 39 und 40 Für die Elchhündin Binna hatten wir 1972 im Flur des Erdgeschosses eine Film- und Photobühne in ein Meter Höhe aufgebaut, die mit Selbstklebefolie ausgekleidet war. Schließlich hatte sich das lokale Fernsehen zu diesem großen Ereignis angesagt, und Binna sollte beweisen, daß das, was ich von ihrem Wurf von 1970 geschrieben hatte, auch alles wahr sei. Daher hatten wir sie vorher sorgfältig gebürstet und auch sonst alles getan, um ihr den Aufenthalt so angenehm wie möglich zu machen, denn ein Wurflager war das ja nicht, sondern eben nur eine Bühne. Da sie nun schon den fünften Wurf vor sich hatte, nahm sie alles mit größter Gelassenheit hin und brachte dann auch vor Scheinwerfern und surrender Kamera auf dieser glatten Fläche ihre sechs Welpen. Aber obwohl jene Kunststoffolie nagelneu war und von uns überdies nach dem Aufkleben vorsichtshalber mit warmem Wasser gut abgerieben worden war, schien sie damit immer noch nicht zufrieden gewesen zu sein, denn sie verbrachte sehr viel Zeit damit, den Bodenbelag sorgsam abzulecken und immer wieder aufs neue zu beschnuppern. Man kann bei jeder Hündin beobachten, daß sie den Boden ihres Wurflagers in dieser Zeitspanne sehr häufig untersucht und auch beleckt.

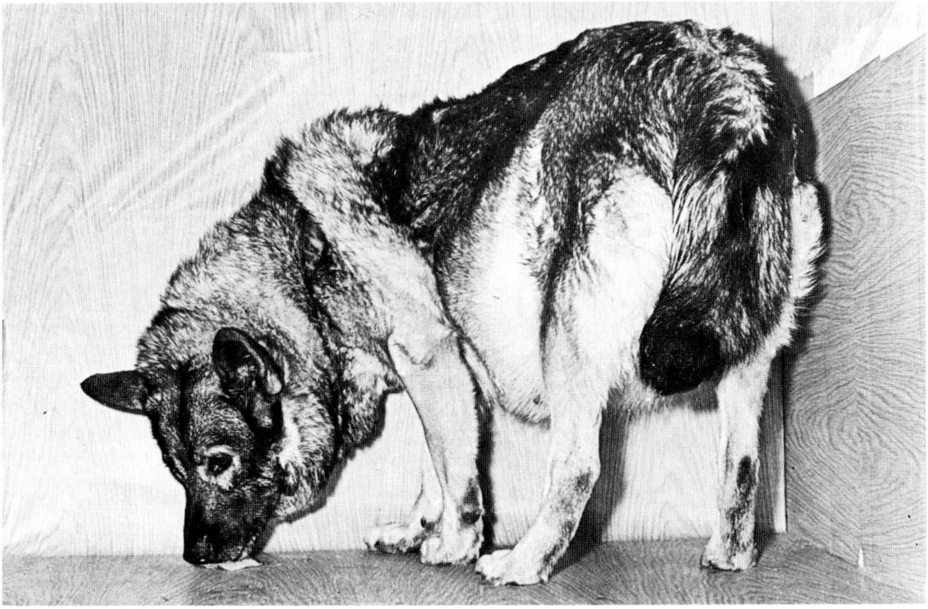

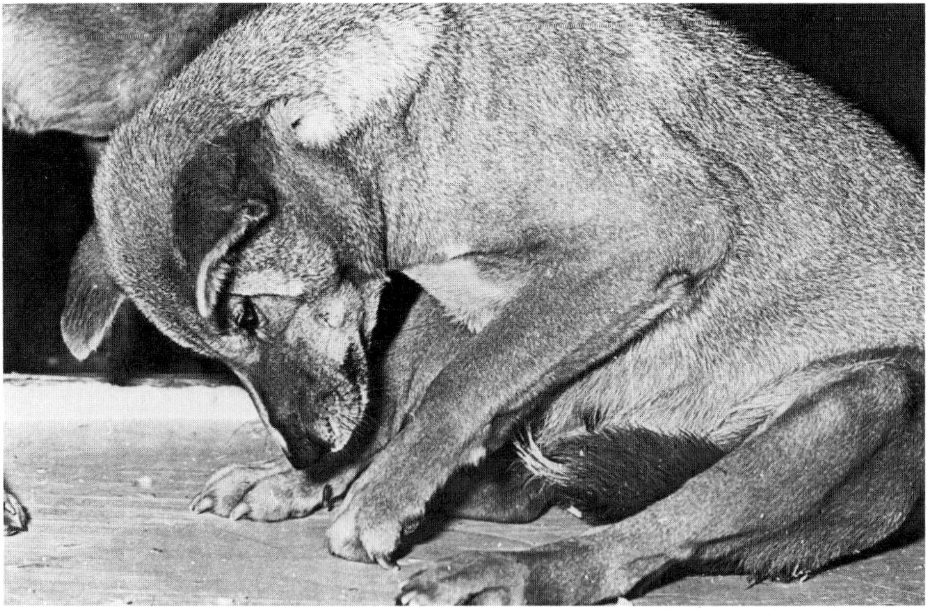

Abb. 41 Über das Scharren der Hündin kurz vor der Geburt habe ich schon viel geschrieben. Bestimmt kennt es jeder, der schon einmal eine Hundegeburt miterlebt hat. Bei diesem Bild muß ein unerfahrener Beobachter schließen, daß es sich darum handelt, die Holzspäne zu beseitigen. Das scheint ganz klar erkennbar zu sein.

Abb. 42 Natürlich erhebt sich nun die Frage, was diese Hündin hier wohl macht. Da gibt es weder Späne noch Sand, noch Stroh, noch sonst etwas – nur ein weiß lackiertes Holzgebilde: die erwähnte Wurfschale mit der Gummimatte darin.

Abb. 43 Auf diesem Bild kann man nun ganz genau den Gesichtsausdruck der vorigen Hündin sehen – unserer Starhündin von 1974 namens Sela. Wer meiner vielleicht nicht sehr vollkommenen Zeichnung, die nach einem Photo aus dem Jahre 1970 stammt (»Mit dem Hund auf du«, 1971, Seite 285), nicht so recht glaubt, der wird es hier wohl überdeutlich erkennen, daß es sich um ein rein zwanghaftes Scharren handelt.

Abb. 44 Diese Aufnahme zeigt deutlich das, was man eine »Instinkt-Ermüdung« nennen könnte. Sie hat sich »ausgescharrt«, obgleich die Holzspäne immer noch da sind – sie schläft während dieser völlig unbewußt ablaufenden Reaktionen, die offensichtlich von Hormonen ausgelöst worden sind, einfach ein. Die Batterie ist leer.

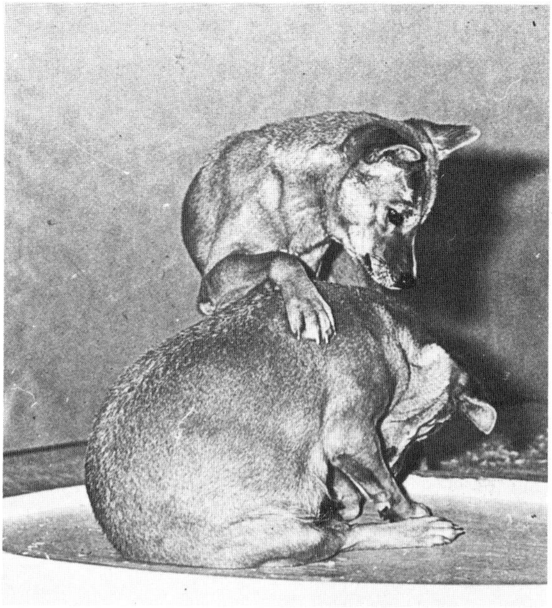

Abb. 45 Jetzt kommen die Photos, die ich unserem aufwendigen Filmzelt zu verdanken habe – das Geschehen war für mich zwar nicht neu, aber diesmal konnte ich das ohne störenden Hintergrund in sehr vielen Aufnahmen festhalten, von denen die beiden Seiten hier nur das Wesentliche zeigen sollen. Wie auf Abb. 43 scharrt Sela. Paso kommt und schaut ihr zu. Die Frage ist: was empfindet er dabei? Hier muß der Verhaltensforscher leider – schweigen. Er darf ja nur – wenn er von der Wissenschaft ernst genommen werden will – beschreiben und abbilden.

Abb. 46 Ich kann auch zu diesem Bild nichts anderes sagen als das, was es aussagt: »Rüde legt Kopf und Hals auf den Rücken der scharrenden Hündin.« Dies kann keiner bestreiten (ich habe noch mehr solcher Photos!). Außerdem hatte ich einige Zeugen.

Abb. 47 Wenn ein Rüde dem anderen seinen Vorderlauf über den Rücken legt, dann kann das Besitzergreifung oder Herausforderung sein. Was aber ist es hier? Paso legt seine Pfote auf den Rücken der zwanghaft scharrenden Sela – will er sie jetzt unterwerfen, zum Kampf herausfordern? Das ist ja wohl kaum anzunehmen. »Beschwichtigungsgebärde« wäre ein Wort, das man als Verhaltensforscher akzeptieren könnte. Nur – die Hündin, die so vor sich hinscharrt, hat den Rüden keineswegs herausgefordert.

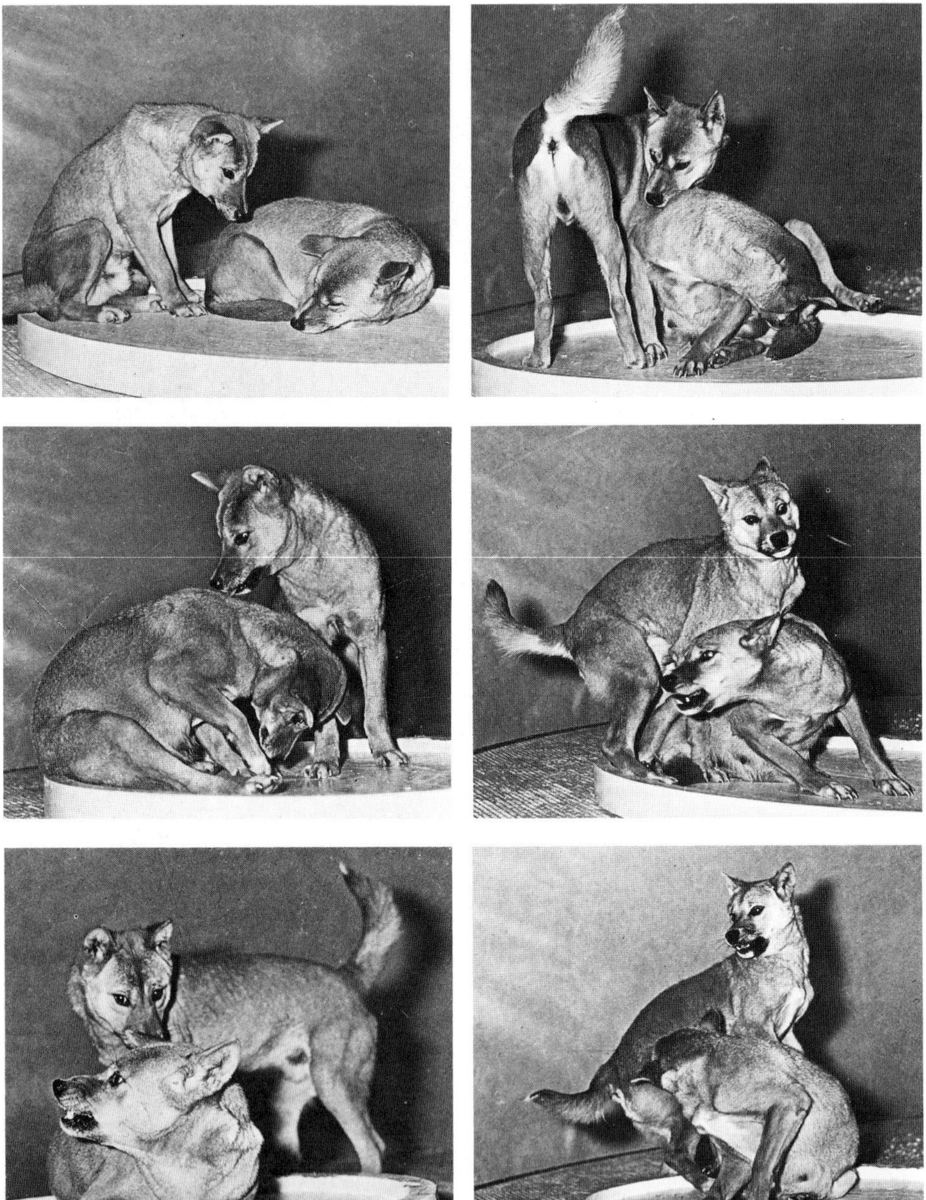

Abb. 48 bis 53 Diese Bildreihe soll veranschaulichen, was der fast einjährige Sohn Puma bei dieser Gelegenheit tat. Sein Vater Paso hatte es ja schon einmal erlebt – nämlich damals, als er geboren wurde –, wie derartiges läuft. Puma aber kam mit dem merkwürdigen Verhalten seiner Mutter nicht klar. Die Bilder drücken wohl deutlich aus, daß er das irgendwie mißverstanden hatte. Sicherlich gibt es in der Eröffnungsphase andere Gerüche als sonst, aber unerfahren, wie er war, schien er sie mißdeutet zu haben. Er machte ziemlich plumpe Versuche, auf seiner Mutter aufzureiten. Daß sie das in dieser Situation aber wirklich nicht brauchen konnte, liegt in der Natur der Sache. So freundlich sie sonst zu ihm war – jetzt aber mußte sie ihn eines Besseren belehren und die Zähne zeigen. Was er da tat, hatte mit dem »Zärtlichkeitsverhalten« des Rüden nichts zu tun. Derart primitive Annäherungsversuche haben mit Zärtlichkeit wirklich nichts gemein.

Abb. 54 Nachdem der unerfahrene Junge mehrfach zurechtgewiesen worden war, mischte sich nun auch der Vater ein. Schließlich muß alles seine Grenzen haben! Er knurrte den Sohn sehr nachhaltig an, allerdings so, daß Puma nicht gleich die Rute einzog – es war nur eine sanfte Mahnung! Das ist das erstaunlich Schöne bei Hunden – sie zeigen auch für einen unerfahrenen Sohn ein gewisses Verständnis und verprügeln ihn deswegen nicht gleich.

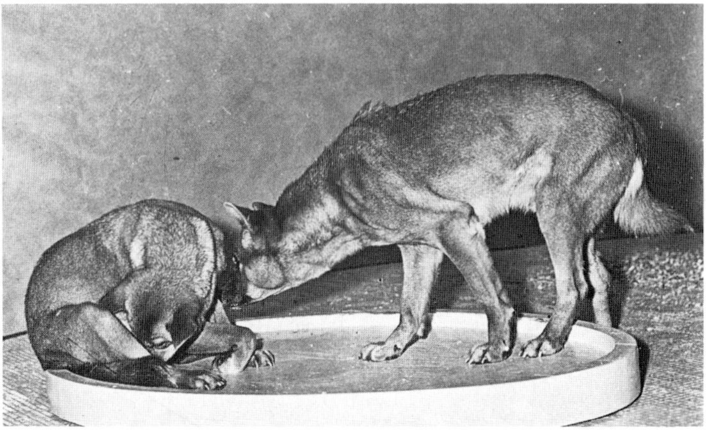

Abb. 55 Die große Stunde naht, Sela schnuppert nun, weil hier etwas vor sich geht, das sich nicht mehr übersehen läßt. Es ist die Zeit zwischen der Eröffnungs- und der Austreibungsphase. Man kann da keinen klaren Schnitt machen. Das kann man niemals bei biologischen Vorgängen.

Abb. 56 Man kann auf diesem Bild zwar den Gesichtsausdruck des Rüden nicht erkennen – was er aber besagt, spiegelt sich im Ausdruck seines Sohnes Puma (Bild links) deutlich wider.

Abb. 57 Es gibt ein wenig Aufregung. Sela dreht sich herum, es ist fast soweit, Puma guckt von rechts, und Paso läuft umher, um den Sohn von der Sache fernzuhalten. Er stört nur in seiner Unerfahrenheit!

Abb. 58 Wer genau hingesehen hat, wird bemerkt haben, daß zuvor bei der Hündin was rauskam. Das ist normal in dieser Übergangsphase, wenn sich alles auftut, um die Austreibung der Welpen zu ermöglichen. Es muß weggemacht werden, damit das Wurflager ausreichend trocken ist, sobald der erste Welpe kommt. Aber jetzt wäre es verkehrt, anzunehmen, daß der Rüde Paso seiner Frau hilft, das Lager sauberzumachen. Er tut es, weil diese seltsame Flüssigkeit schlicht und einfach sein Interesse erregt hat, wie das schließlich alle Hunde tun, denen man etwas vorlegt, was sie noch nicht kennen.

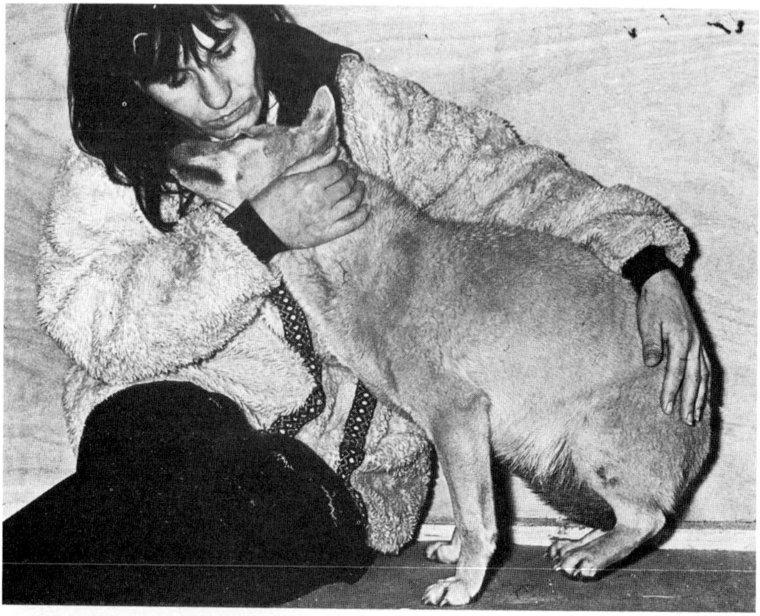

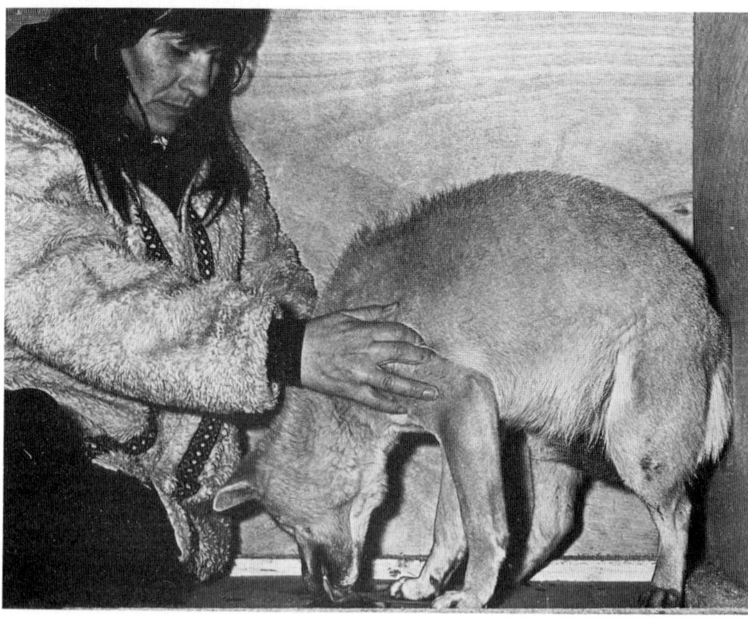

Abb. 59 bis 61 Die drei Aufnahmen, alle im »Geburtenzwinger« der Grubmühle am 4. Dezember 1974 entstanden, sollen eine Art Ergänzung zu den bisher dargestellten Aufnahmen sein. Ist kein Rüde vorhanden, dann muß eben die Hündin mit dem vorliebnehmen, was gerade da ist. Ich halte es fast für eine Tierquälerei, eine Hündin allein ihre Welpen bekommen zu lassen. Ihre große Sensibilität führt gerade in den Stunden der Niederkunft zu einem verstärkten Schutzbedürfnis. Es ist das hier ganz anders als bei Katzen, die sich zum Gebären eine Höhle oder einen ähnlichen Ersatzraum suchen, obgleich sie die Anwesenheit eines vertrauten Menschen keineswegs stört. Auch die sonst so geselligen Huftiermütter sondern sich kurz vor der Niederkunft von der Herde ab. Hündinnen aber wollen zumindest wissen, daß man in der Nähe ist. Ich weiß von einzeln gehaltenen Hündinnen, die sich zwar im Garten eine Höhle gegraben hatten, ganz zuletzt aber doch ins Haus kamen, weil sie nicht allein bleiben wollten.

Was die Bilder von dieser Dingohündin, die aus Forschungsgründen ohne Rüden ihre Jungen bekommen mußte, zeigen, spricht wohl Bände! Wer das nicht versteht, sollte die Finger von Hunden lassen. – So bleibt noch der Hinweis auf Bild 61: Man beachte das kreisförmige Abstellen der Rute, das den Beginn der Preßwehen und damit der Austreibungsphase anzeigt. Ein untrügliches Zeichen dafür, daß es sich nunmehr nur noch um wenige Minuten handeln kann!

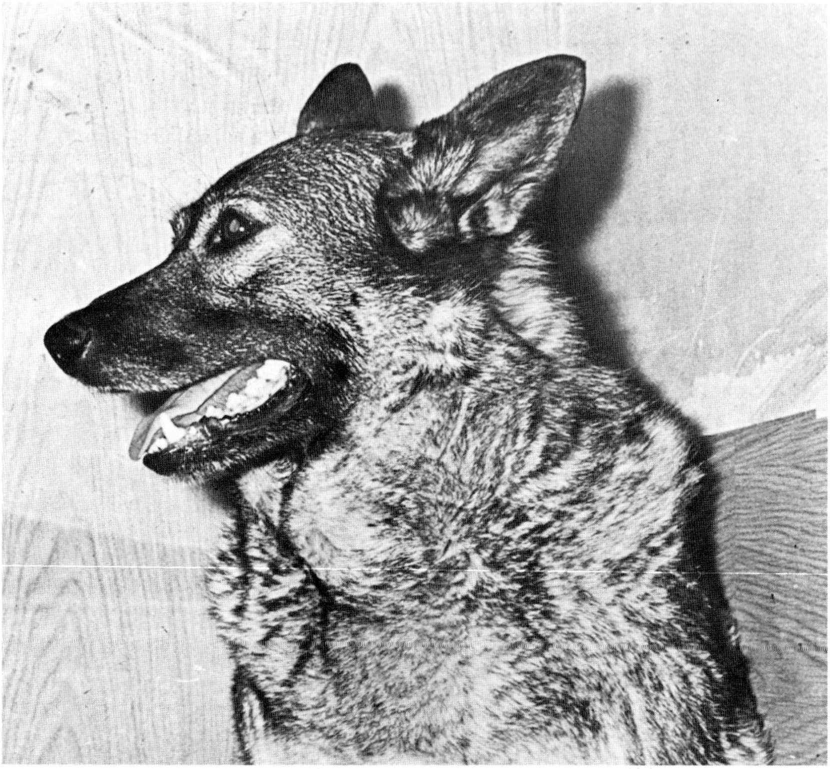

Abb. 62 Wie man längst und allgemein weiß, setzt eine Hündin kurz vor der Austreibung der Welpen ihre Körpertemperatur um ein bis zwei Grad Celcius herab, wie meine Binna dies am Tag des fünften Wurfes vorführt. Sie hechelt, wie man das Verhalten eines Hundes nennt, dem es zu warm ist. Ein Hund kann seinen Wärmehaushalt nicht durch Schwitzen – wie Pferde oder wir Menschen – regeln, sondern nur über die Zunge, allenfalls noch über die Schweißdrüsen der Zehenballen. Menschen, die ihre Hündinnen in geheizten Räumen werfen lassen, versündigen sich gegen die Natur des Hundes. Das machen nur Hundezüchter, die daran interessiert sind, auch erbmäßig schwächliche Welpen irgendwie hochzubekommen, damit das Geschäft blüht. Daß sie dabei die Hündin quälen, ist ihnen egal – es geht nur um den Absatz. In dem Raum, in dem Binna hechelte, hatte es höchstens 14 Grad Celsius – das mußte ich wegen des Fernsehens so arrangieren. Wäre die Temperatur wesentlich darunter gelegen, hätte sie nicht gehechelt. Aber was tut man nicht alles fürs Fernsehen!

Abb. 63 Binna drückt den Ellenbogen fest an. Es ist soweit – es kann sich nur mehr um Sekunden handeln. Die Stellung der Ohren, der große Blick sagen das deutlich.

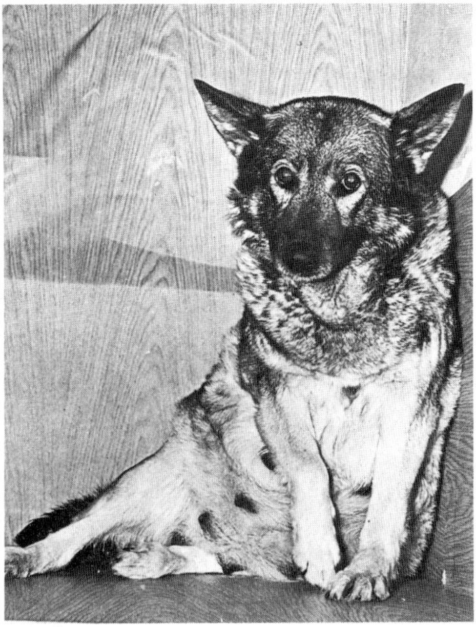

Abb. 64 Jetzt das Hinlegen, Sekunden danach – die Preßwehen haben eingesetzt, es geht los! Binnas Mustergeburt, direkt fürs Fernsehen! Ein wenig geschnauft hat sie während dieses Bildes schon. Wenn es bei einer gesunden Hündin auch nicht wirklich weh tut – unangenehm ist es natürlich schon. Sie ist ja auch kein Wildhund, also ein Hund, der über das ganze Gesicht »lächelt«, wenn es soweit ist. Vor allem dann, wenn es sich um eine Hündin handelt, die schon einmal geworfen hat, bei der also das Erbgedächtnis durch Erfahrung ergänzt wird.

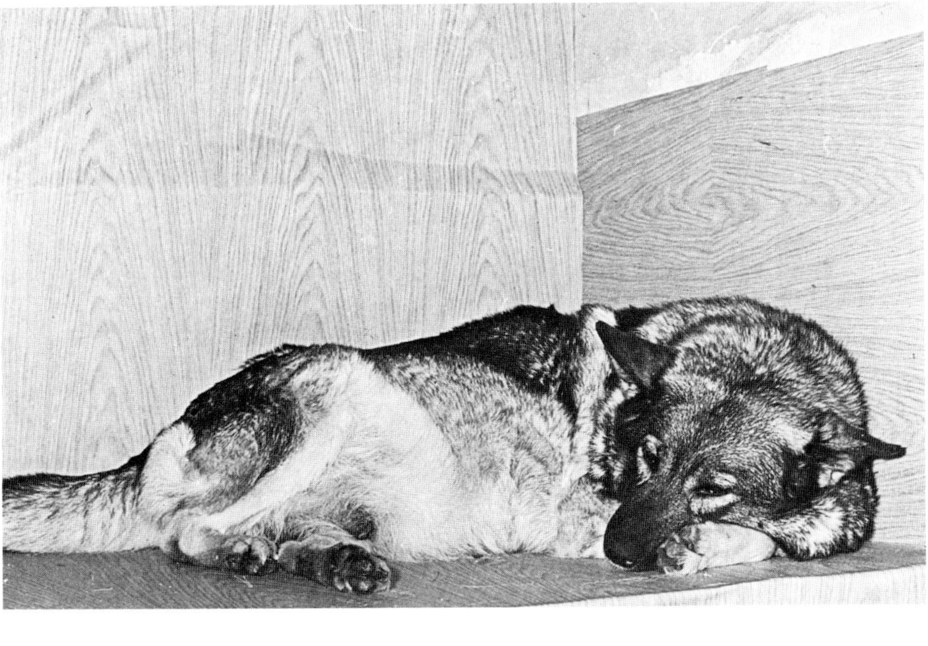

Abb. 65 Nochmals das verkrampfte Gesicht meiner Dingohündin Sidney, auf dem besser als auf Abb. 44 zu erkennen ist, daß das ganze Scharren nichts gebracht hat. Hier beginnt nämlich die Austreibungsphase. Preßwehen verzerren ihr Gesicht.

Abb. 66 und 67 So aber geht es dann weiter. Die Hündin legt sich hin, biegt die Rute kreisförmig abseits und drückt, wie diese Neuguinea-Dingohündin am 25. November 1974.

Abb. 68 Jetzt, da es soweit ist, darf auch Sohn Puma daran teilnehmen, damit er, wissenschaftlich ausgedrückt, »Geruchskontakt« aufnehmen kann.

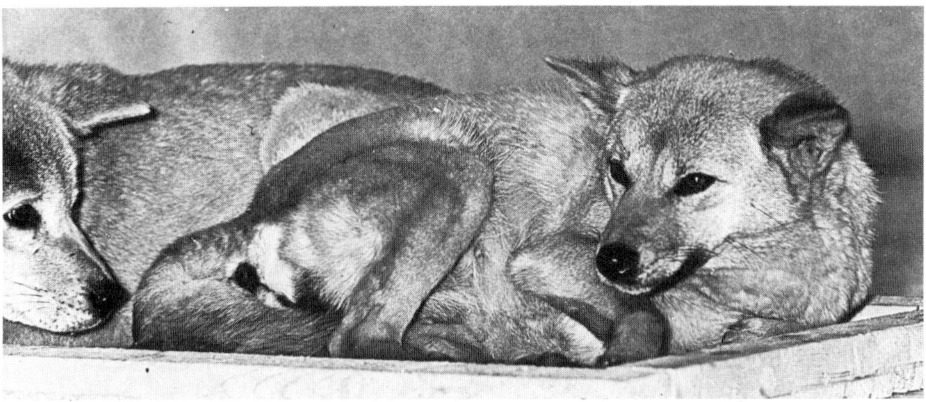

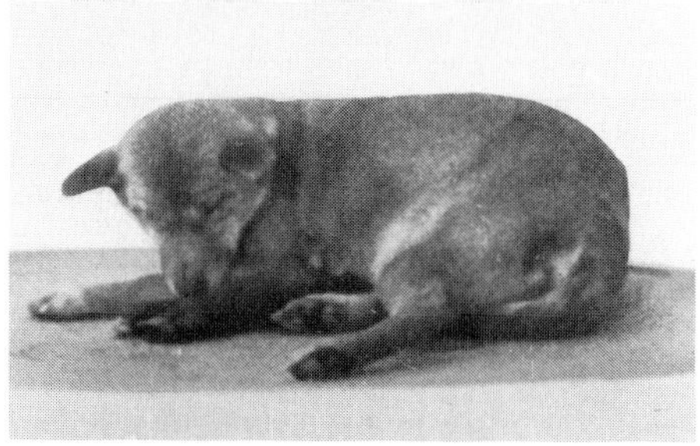

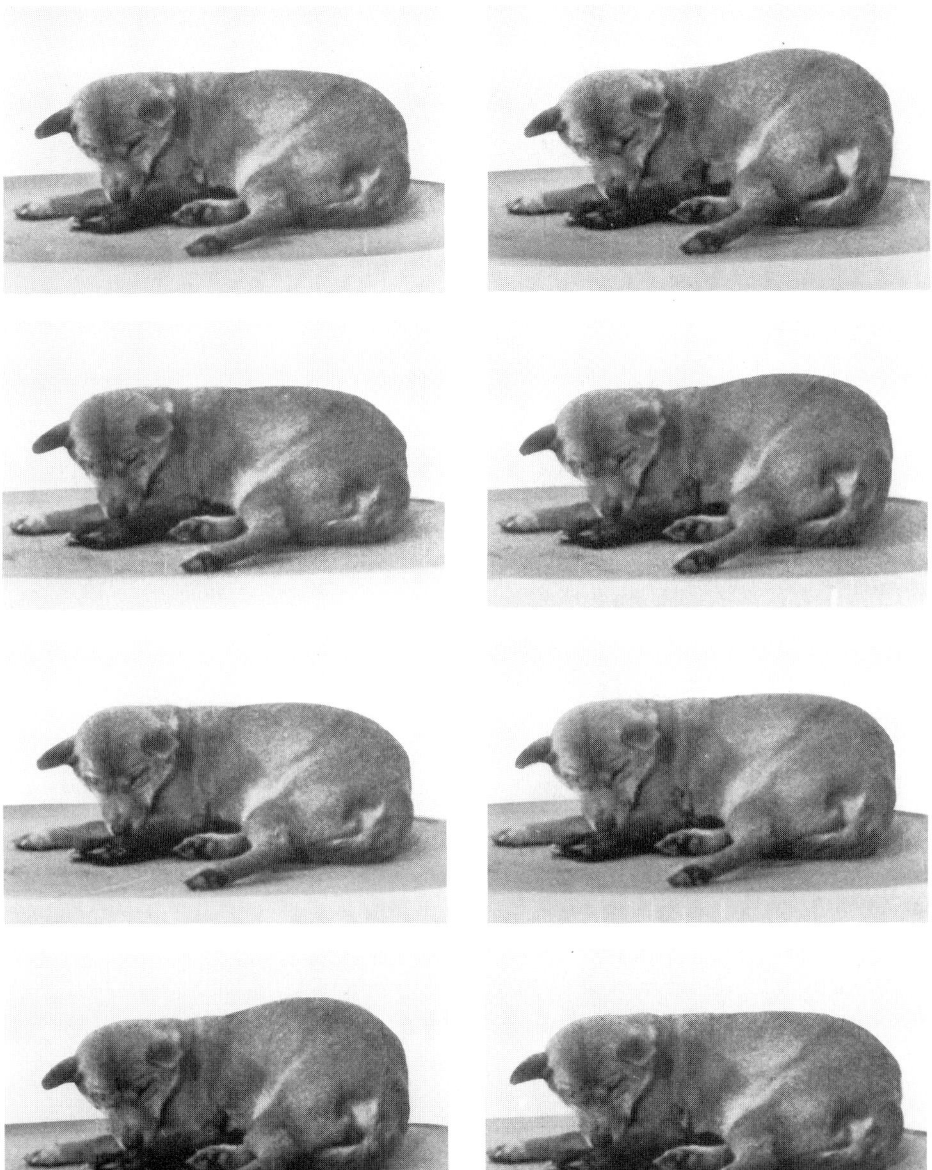

Preßwehen (Seite 146–147) 16 Filmbilder im Abstand von je ⅔ Sekunden. Gesamtdauer 10 Sekunden. Bild 4 und Bild 12 zeigen jeweils maximales Anheben des Hinterleibes. Auffallend dabei ist das starke Krümmen der Lendenwirbelsäule.

Zeiten (von oben nach unten): Bild

Bild	Zeit	Bild	Zeit
1	0^{sec}	9	$4\frac{1}{2}^{\mathrm{sec}}$
2	$\frac{1}{2}^{\mathrm{sec}}$	10	5^{sec}
3	1^{sec}	11	$5\frac{1}{2}^{\mathrm{sec}}$
4	$1\frac{1}{2}^{\mathrm{sec}}$	12	6^{sec}
5	$2\frac{1}{2}^{\mathrm{sec}}$	13	$6\frac{1}{4}^{\mathrm{sec}}$
6	$3\frac{1}{2}^{\mathrm{sec}}$	14	$6\frac{1}{2}^{\mathrm{sec}}$
7	$3\frac{3}{4}^{\mathrm{sec}}$	15	$6\frac{3}{4}^{\mathrm{sec}}$
8	4^{sec}	16	7^{sec}

Abb. 69 Das war meine Arta, jener Silberdingo, deren Nachkommen eine große Rolle bei meinen Forschungen gespielt haben. Sie war eine Hündin, bei der bereits leichte – ich betone, leichte – Degenerationserscheinungen zu bemerken waren. Ihr angestrengter Blick während der Austreibung läßt erkennen, daß es eben nicht mehr so ganz stimmt. So hat es sich bei ihren Nachkommen gezeigt, daß alsbald vermehrte Geburtsschwierigkeiten auftraten, weswegen ich von einer Weiterzucht Abstand genommen habe.

Abb. 70 Dieses Bild zeigt eine Dingo-Mischlingshündin, die während der Austreibung meine Lebensgefährtin Erika Mundo anblickt, als wollte sie, die Fera, zum Ausdruck bringen: »Na – wie mach' ich das?«

Austreibung (Seite 150–151) 16 Filmbilder in unterschiedlichen Abständen. Gesamtdauer 7 Sekunden. Der Welpe liegt in Steißlage, was bei etwa der Hälfte aller Hundegeburten vorkommt.

Zeiten (von oben nach unten): Bild

Bild	Zeit	Bild	Zeit
17	0^{sec}	25	12^{sec}
18	$1\frac{1}{3}^{\mathrm{sec}}$	26	$13\frac{1}{3}^{\mathrm{sec}}$
19	$2\frac{2}{3}^{\mathrm{sec}}$	27	$14\frac{2}{3}^{\mathrm{sec}}$
20	4^{sec}	28	16^{sec}
21	$6\frac{2}{3}^{\mathrm{sec}}$	29	$16\frac{2}{3}^{\mathrm{sec}}$
22	$9\frac{1}{3}^{\mathrm{sec}}$	30	$17\frac{1}{3}^{\mathrm{sec}}$
23	10^{sec}	31	18^{sec}
24	$10\frac{2}{3}^{\mathrm{sec}}$	32	$18\frac{2}{3}^{\mathrm{sec}}$

(Dingohündin Sela aus einer Inzestlinie, die aus einer Vermischung zwischen Neuguinea-Dingo und Australischem Steppendingo entstanden ist. Die Geburt fand am 11. November 1974 statt. Die Aufnahmen entstammen dem Film: »Verhaltensforschung beim Wildhund – Geburt und Frühentwicklung des Welpen. Ein Film von Eberhard Trumler aus der Hundeforschungsstation der Gesellschaft für Haustierforschung.«)

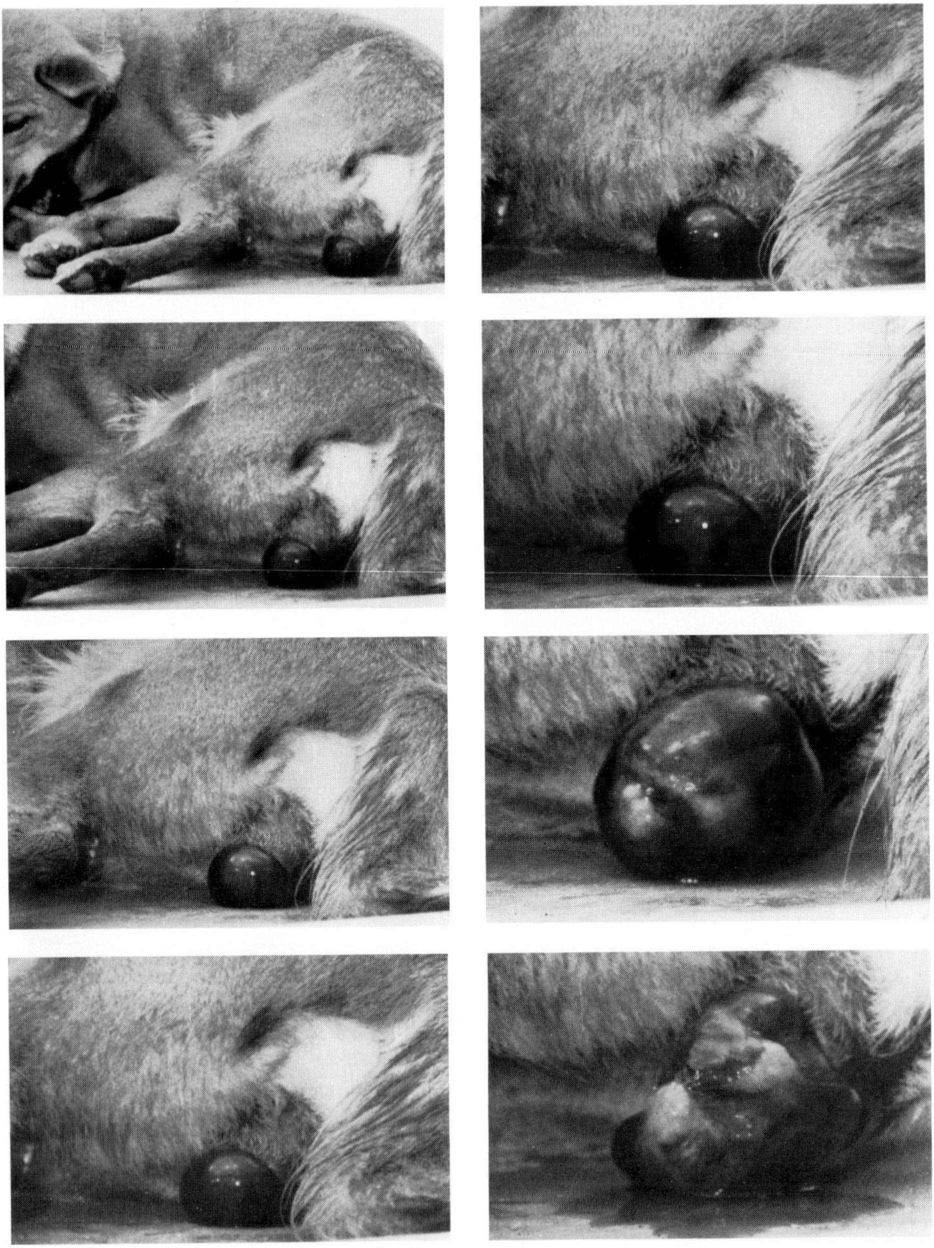

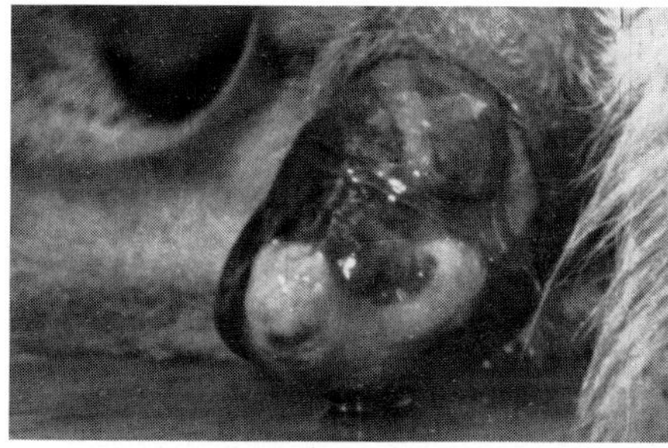
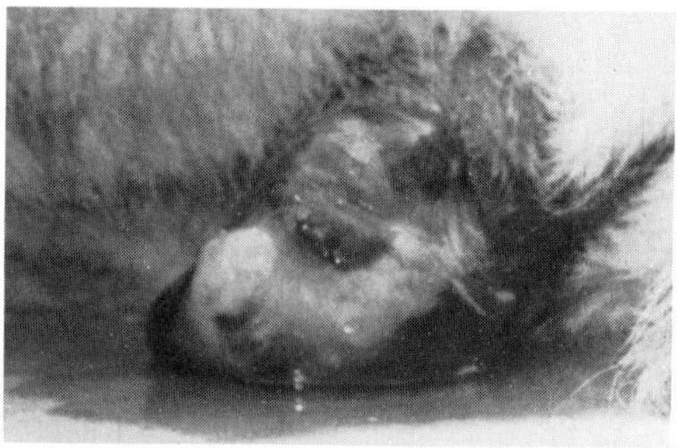
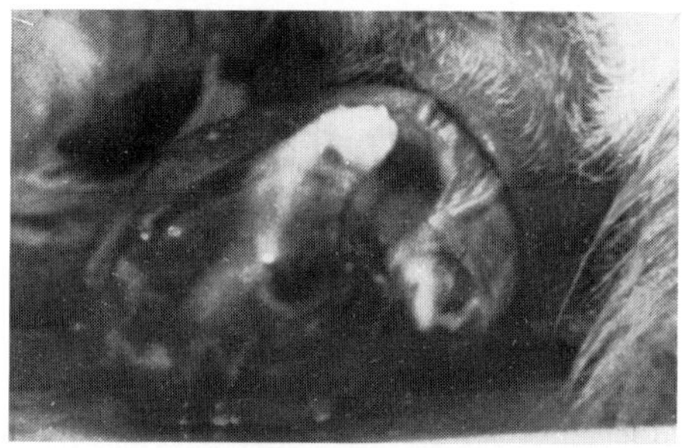

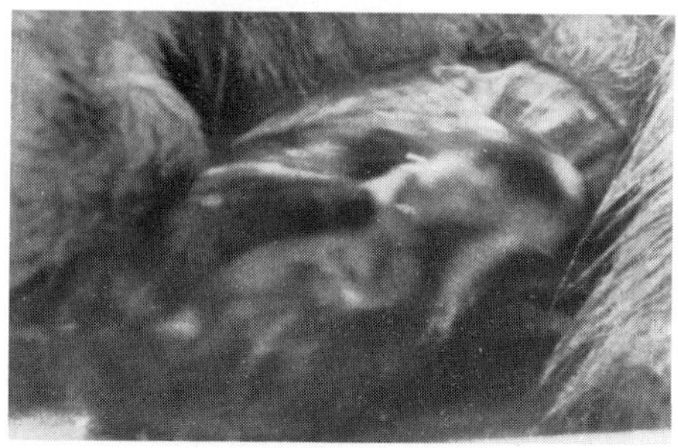
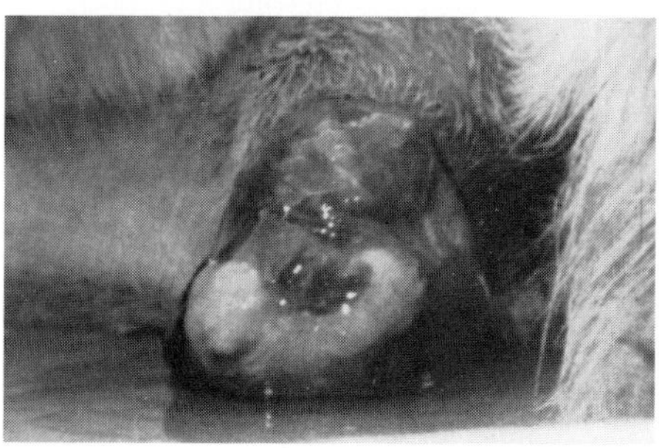
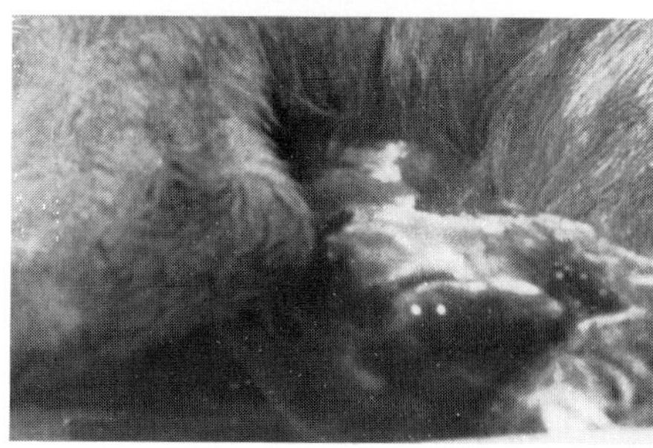

Abb. 71 In dem noch nicht ideal ausgestalteten Geburtenzwinger bringt meine brave Dingohündin Sidney gerade den ersten Welpen zur Welt. Das Bild zeigt diesen Moment sehr anschaulich. Man beachte den Blick der Hündin, ebenso die Stellung der Beine. Der Welpe ist noch in der Fruchtblase, der Schwanz der Hündin (besser: die Rute) ist noch, wie während der ganzen Austreibung, bogenförmig gekrümmt. Für den Beobachter ist das ein Augenblick, bei dem er den Atem anhält, auch wenn er schon viele Geburten miterlebt hat. Jedenfalls geht es uns immer so – es liegt eine ungeheure Spannung in uns, die man gar nicht richtig ausdrücken kann. In einer solchen Sekunde auf den Auslöser des Photoapparates zu drücken muß eine Reflexbewegung sein, deren man sich gar nicht so recht bewußt wird; man tut es wohl, weil man darauf programmiert ist. Natürlich kommt die Spannung auch durch das Wissen, wie hochkompliziert all die physiologischen Vorgänge sind, die bis zu diesem Augenblick in der Hündin ablaufen – ein winziger Zufall würde genügen, um ein Versagen des ganzen Geschehens herbeizuführen.

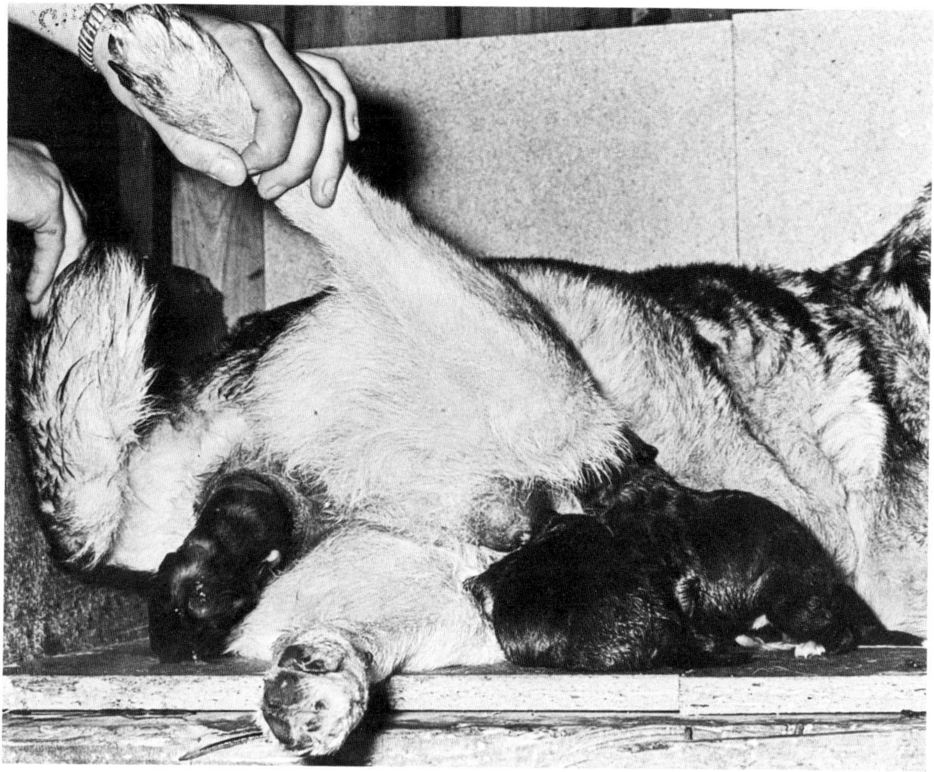

Abb. 72 Das ist wieder meine norwegische Elchhündin Binna, die meinen Forscherdrang stets mit Gelassenheit hingenommen hatte. Es störte sie überhaupt nicht, daß ihr meine Mitarbeiterin das eine Hinterbein hochhebt, um mir eine bessere Ausgangsposition zum Photographieren zu bieten. Wie ich immer wieder betone, erlauben es alle Hündinnen, die nicht übernervös sind, daß man sie bei der Austreibungsphase anfaßt, sogar herumdreht, um den Austritt verfolgen zu können. Bei vielen Hündinnen habe ich sogar den Eindruck, daß sie diese Anteilnahme nicht nur dulden, sondern sogar mögen – vielleicht, weil sie ihnen ein Gefühl der Sicherheit gibt. Bei Filmaufnahmen läßt sich dann sehr genau die Dauer einer Austreibung nachmessen (siehe Bildreihe zuvor).

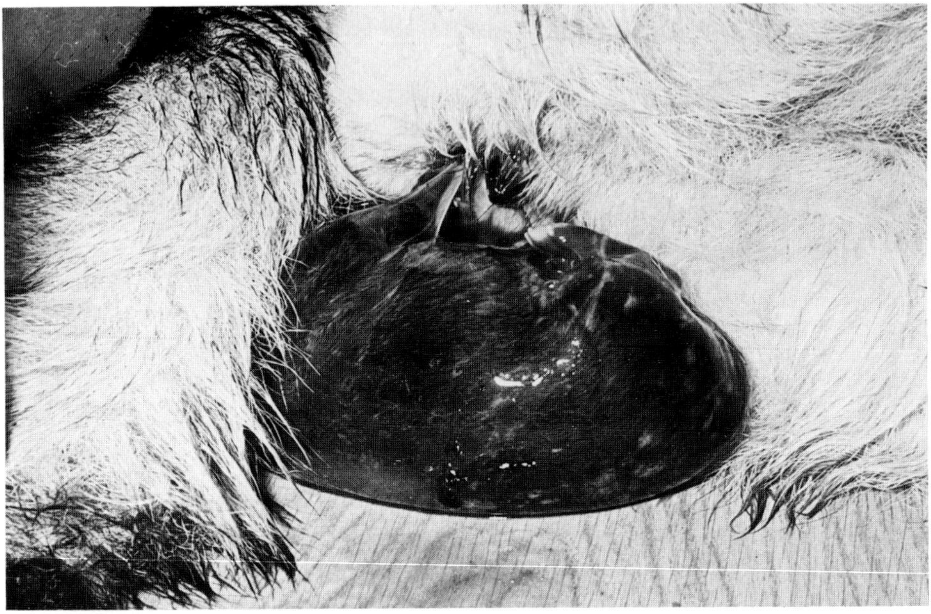

Abb. 73 Dieses Bild bedarf keines Kommentars. Ich könnte höchstens hinzufügen, daß das der entscheidende Augenblick ist, bei dem wir auf unsere Intelligenz zurückschalten sollten. Denn in dieser Sekunde kann man erkennen, ob es ein lebenskräftiger Hund wird – oder nicht. Rührt sich der Welpe in den Eihäuten nicht, dann ist er in der Regel erbgeschädigt. Eine gesunde Hündin wird ihn früher oder später sterben lassen. Ausnahmen kommen dann vor, wenn die Hündin aus irgendwelchen Gründen länger als vorgesehen die Geburt hinauszögert. Dann muß aber der Welpe nach Öffnen der Eihäute und dem ersten massierenden Belecken sehr bald zur vollen Aktivität gelangen – wenn er wirklich gesund ist. Nichts schadet dem Erbbestand einer Rasse mehr, als schwächliche Welpen mit allerlei Hilfsmitteln aufzuziehen.

Abb. 74 Bei dieser Austreibung bei einer Wolfsdingohündin gelang meinem Mitarbeiter Dietmar Mundo eine seltene Aufnahme: Deutlich ist die Gürtelplazenta zu sehen, ein bei allen Fleischfressern üblicher Mutterkuchen, der die Frucht ringförmig umgibt.

Abb. 75 bis 78 Die hier folgenden Photos müssen einfach sein – ich möchte sie nicht weglassen. Wer nie dabei gewesen ist, wird diese Bilder mit gemischten Gefühlen betrachten. Wer schon einmal einer Hundegeburt beigewohnt hat, wird darüber anders denken. Es ist von der Natur so eingerichtet, und keiner von uns kam anders auf die Welt. Es gibt nun einmal diese Eihäute, die Nabelschnur, das Fruchtwasser, ein wenig Blut. Das ist bei allen Säugetieren so. Wer das als »unappetitlich« empfindet, kann ja umblättern. Für mich als Biologen sind alle diese Bilder eine Art Mahnung, mit Ehrfurcht die in Jahrmillionen entstandenen Naturgesetzlichkeiten zu bewundern. Erstaunlich ist dabei immer, wie auch eine erstgebärende Hündin »weiß«, was sie zu tun hat. In ihrem Erbgedächtnis ist jede Handlung vorprogrammiert. Sie kann alles von sich aus. Nur erbgeschädigte Hündinnen brauchen unsere Hilfe. Unter keinen Umständen aber darf man mit ihren Nachkommen weiterzüchten, auch wenn sie noch so gut heranwachsen. Man würde sonst die Folgegenerationen mehr und mehr um die Gebärfähigkeit bringen – was ja wohl kein vernunftbegabter Tierfreund will.

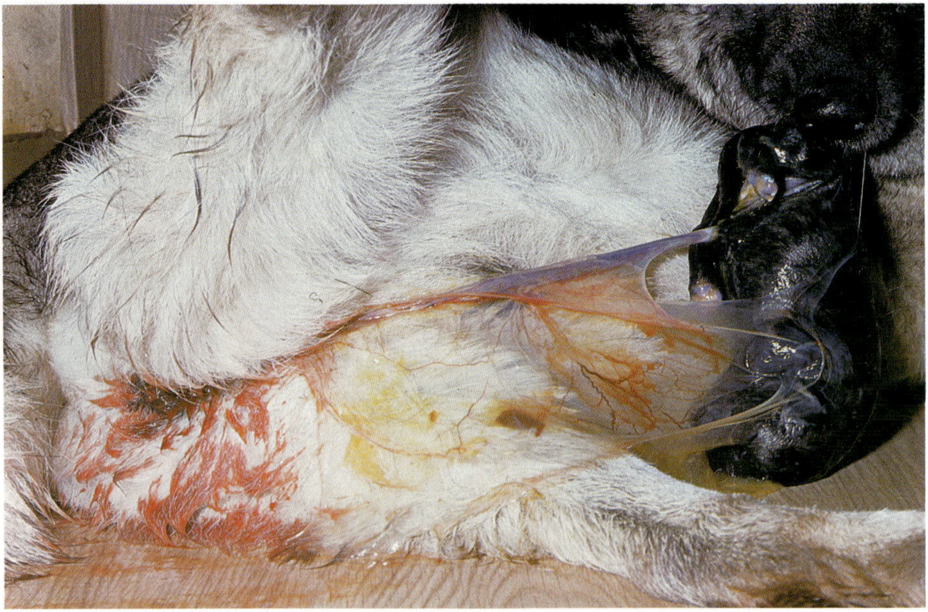

Abb. 79 Jede Hündin nabelt mit den Backenzähnen ab. Nur damit kann die Nabelschnur abgequetscht werden. Naturgemäß haben alle Wildhunde zangenförmig aufeinandergestellte Schneidezähne, aber kein »Scherengebiß«, wie das den Rassehunden unsinnigerweise angezüchtet worden ist. Dennoch nabeln sie nicht mit den Schneidezähnen, sondern nur mit den Backenzähnen ab.

Abb. 80 Normalerweise kann der Welpe zumindest in den ersten beiden Lebenswochen das Wurflager nicht verlassen. Entfernt man ihn aber, kommt die Hündin sofort hinzu und trägt ihn wieder zurück.

Abb. 81 Die Elchhündin Binna zog bei einem Versuch den dicht neben die Wurfkiste gelegten Welpen am Hinterbein über die Bordkante zu sich. Sie zeigte in solchen Fällen keine übertriebene Vorsicht, wie wir das oft bei Dingohündinnen beobachten konnten.

Abb. 82 Wie vorsichtig Dingohündin Sela einen ihrer Welpen anfaßt, um ihn zu sich heranzubringen, geht aus diesem Bild hervor. Ein härteres Anfassen könnte der Welpe zwar leicht vertragen; er würde aber aufschreien, und das muß unbedingt vermieden werden. In freier Wildbahn könnte ein derartiger Schmerzenslaut einem Feind das Wurflager verraten. Gewöhnlich schiebt die Hündin einen von ihrem Körper abgekommenen Welpen mit der Nase langsam zu sich, womit sie auch vermeidet, daß er Schreie des Verlassenseins ausstößt.

Abb. 83 und 84 Fühlt sich die Hündin gestört oder verunsichert, dann versucht sie ihre Welpen in ein anderes Versteck zu bringen, was normalerweise nach dem achten oder zehnten Lebenstag vorsorglich erfolgt. Damit weicht die Hündin auch der Gefahr einer Verparasitierung des Wurflagers aus. Im Filmzelt gab es einmal eine Störung, und die Hündin wollte die Welpen fortbringen. Da sie aber offensichtlich erkannte, daß eine solche Möglichkeit nicht vorhanden war, drehte sie sich mit dem Welpen unschlüssig einige Male im Kreis, um ihn dann doch wieder an den alten Platz zu legen. Dabei war auch sehr gut zu beobachten, daß sie den Welpen vom Rücken her um die Rumpfmitte im Fang hielt. Bei Katzen gibt es in diesem Fall eine angeborene Traghaltung und eine Tragstellung. Eine Katze faßt ihr Junges am Nackenfell; sobald sie es daran hochhebt, verfällt dieses in eine Starre, bei der die Pfoten gegen Brust und Bauch gezogen sind. Bei Hunden gibt es das nicht. Faßt man sie so an, strampeln sie lebhaft umher und schreien zumeist. Eher bei Junghunden kann man durch Hochheben am Nackenfell eine Ruhigstellung bewirken, wobei die Beine entspannt herabhängen. Dingos, die das in der Welpenzeit gelernt hatten, konnten wir auch als Erwachsene auf diese Weise bequem tragen. Abgesetzt, suchten sie sofort durch Belecken der Hand ihre Ergebenheit auszudrücken – eine Anerkennung des Stärkeren, wie das auch Junghunde durch Schnauzenbelekken dem Rudelführer anzeigen.

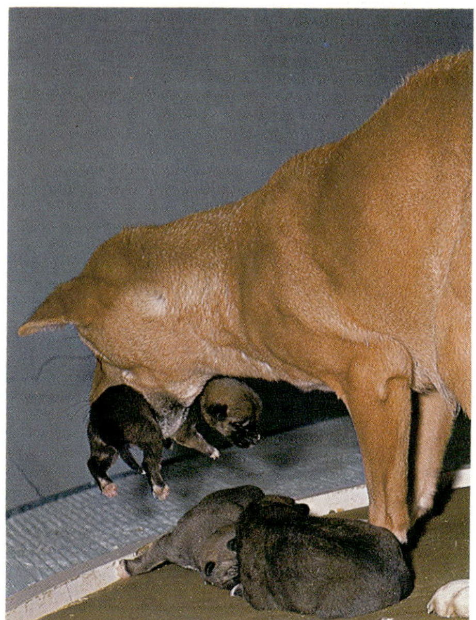

Abb. 85 bis 87 Normalerweise dürfen Rüden während der Geburt nicht an das Wurflager. Wir haben das allerdings ausnahmsweise doch erlebt, wie die Aufnahmen dieser Seiten beweisen. Hier durfte der Rüde sogar bei der Welpenpflege mithelfen. Zuerst hat die Hündin zwar ein wenig geknurrt, aber da sich der Rüde davon nicht abschrecken ließ, duldete sie es schließlich doch und ermöglichte so dem Vater die erste Kontaktaufnahme mit seinen Welpen. Dabei kam es zuletzt im Eifer des Bestrebens, einen Welpen zu säubern, dazu, daß sich die Zungen beider Elternteile gegenseitig leckten. – Dies ist aber wirklich nur eine ungewöhnliche Ausnahme, denn in allen sonstigen von uns beobachteten Fällen durfte der Rüde sich der Hündin zumindest in den ersten 24 Stunden nicht nähern. Versuchte er es doch, konnte es vorkommen, daß die Hündin nicht nur drohte, sondern sogar aus dem Wurflager sprang und den Rüden heftig angriff, um ihn zur Ordnung zu rufen. Es ist verständlich, daß ein so verärgerter Rüde ein recht scharfer Bewacher des Wurflagers wird. Wir mußten es einmal erleben, daß ein sonst anschmiegsamer Rüde in dieser Stunde uns androhte und sogar in die Beine kniff – nicht sehr ernsthaft, aber spürbar! Jedenfalls zogen wir es vor, nicht weiter zu stören, und verließen rücksichtsvoll den Geburtenzwinger. Auch das eine Ausnahme von der Regel ...

Auf Ehre und Gewissen

Was jetzt folgt, ist kein Fragebogen im üblichen Sinne. Es gibt zu viele unterschiedliche Möglichkeiten, die nun einmal nicht mit einem Ja oder Nein zu beantworten sind. Die folgende (mehr als Aufzählung von Einzelheiten gedachte) Übersicht soll zunächst eine Erinnerungshilfe sein für den Fall, daß man bei einer Geburt ein mehr oder minder lückenloses Protokoll anfertigen möchte. Das sollte man auf jeden Fall tun, auch wenn man nicht daran denkt, seine Beobachtungen und Feststellungen auszuwerten oder anderen zur Auswertung zu überlassen.

Vor allem sollte man nicht auf den sehr häufig vorkommenden Fehler verfallen, zu sagen, man ließe seine Hündin nur einmal werfen. Das haben sich schon viele Leute vorgenommen, um dann doch – weil es so wunderbar gewesen ist! – noch eine zweite oder gar dritte Geburt zu riskieren. In einem solchen Fall sind die Aufzeichnungen von der ersten Geburt besonders wertvoll.

So will ich hier also nur versuchen darzustellen, was man alles festhalten kann, wenn man so eine Geburt ernst nimmt. Tut man das aber, wird man die Überschrift dieses letzten Kapitels auch ernst nehmen und versuchen, es so gut wie möglich zu machen.

Man kann sich aus dem Folgenden selbst praktikable, den eigenen Umständen angepaßte Tabellen machen. Man kann auch mitstenographieren. Für mich persönlich ist der Kassettenrekorder ideal, weil man sich das Geschehen, wann immer man will, akustisch in Erinnerung bringen kann und dabei die Lautuntermalungen hat – etwa das Scharren oder den ersten Lebensschrei jedes Welpen. Für mich jedenfalls ist es immer wieder eine Freude, bereits zehn Jahre alte Tonbänder ablaufen zu lassen, um erneut die Geburt von Welpen zu erleben, die heute bereits Urgroßväter oder Urgroßmütter sind, wenn nicht schon Stammeltern einer vierten oder fünften Generation. Wer darüber hinaus so viel Humor hat, daß er auch einmal ganz gern über sich selbst lacht, findet in solchen vor Spannung knisternden

Tonbändern eine Quelle unerschöpflicher Heiterkeit. Es ist unglaublich, was man da alles daherredet, meistenteils, um sich selbst zu beschwichtigen ...

So aufschlußreich solche Tonbänder auch für sich selbst und für den Ablauf der Geburt sind – vor allem hat man hinterher die Möglichkeit, ganz exakte Zeitmessungen vorzunehmen – natürlich tut es der Bleistift oder Kugelschreiber auch. Wer über ein Blitzgerät verfügt, kann Photos dazu machen, und wer die notwendige Filmausrüstung hat, kann auch mit Super-Acht wertvolle Dokumentationen schaffen. In jedem Fall aber ist es gut, wenn man zu zweit ist, da es viel Arbeit gibt, die man allein kaum schaffen kann. Wenn man das Auge am Sucher des Photoapparates oder der Filmkamera hat, bleibt kaum Zeit, auch noch auf die Uhr zu schauen oder das Tonband ein- und auszuschalten – kurz, ein Augenpaar ist immer zuwenig. Das ist auch so mit den Händen.

Zweckmäßig ist ein zweiköpfiges Beobachtungsteam vor allem aber dann, wenn wirklich einmal ein Unfall passiert. Erst kürzlich habe ich von einem Fall erfahren, bei dem eine Hündin, die schon einige Würfe klaglos gebracht hatte, Pech gehabt hat. Eine winzige Störung im Bereich der Austreibungswehen hat bewirkt, daß ein Welpe nicht in den Gebärmutter-Körper gelangt ist, sondern zur Hälfte in das andere Horn rutschte – typischer Fall von Querlage. Dann sollte einer da sein, der ans Telephon läuft, um den Tierarzt zu rufen, der in einem solchen Fall den Kaiserschnitt anwenden muß, während der andere bei der Hündin bleibt, um ihr, wenn er auch nicht direkt eingreifen kann, doch zumindest seelisch ein wenig Beistand zu leisten. Diese Überlegung sollte für jeden Hundefreund vorrangig sein. Aber wenn man schon einmal zu zweit ist, kann man auch ganz ernsthaft so ein Protokoll anfertigen und dabei vielleicht auch ein wenig an mich denken, wie das zu meiner großen Freude schon eine ganze Anzahl von Mitgliedern der »Gesellschaft für Haustierforschung« getan haben und bestimmt künftig auch weiterhin tun werden.

Nun aber das Schema für ein Protokoll:

Züchter

1. Familienname, Vorname(n), gegebenenfalls auch vom Partner. Anschrift.
2. Alter (bitte nicht wundern: Enthusiasmus der Jugend, abwägendes Denken eines gereiften Menschen sind wertvolle Daten für die wissenschaftliche Beurteilung bei jeder Auswertung).
3. Angaben, ob man schon irgendwelche Geburten persönlich erlebt hat – bei Hunden, bei anderen Tieren, bei Menschen (auch hierzu eine Randbemerkung: meine Frau hat sieben kräftigen Kindern das Leben geschenkt – sie sieht bei einer Hundegeburt zehnmal mehr als der beste Verhaltensforscher!).
4. Persönliches Verhalten während der Geburtenbeobachtung (etwa: gelassen, gespannt, aufgeregt, nervös ...).
5. Technische Daten (Notizen, Tonband, Photo, Film etc.).
6. Beruf: halte ich für völlig überflüssig! Ich selbst würde für mich unter dieser Sparte einfach »Hundefreund« hinschreiben!

Ich glaube, daß ich mit dieser Gliederung samt Randbemerkung verständlich gemacht habe, worum es mir geht. Eigentlich handelt ja das ganze vorstehende Buch – ebenso wie meine früheren Bücher – von echten und ehrlichen Hundefreunden und ihren Hunden.

Hündin

1. Eingetragener Zwingername oder ganz schlicht »Mischling«, mit Angaben, was man über die Abstammung der Hündin in Erfahrung bringen konnte oder annimmt.
2. Name der Hündin entsprechend den Papieren, sonst Rufname.
3. Alter (falls nicht bekannt, Schätzung durch Tierarzt oder Kynologen).
4. Rasse, falls kein Mischling (siehe 1.).
5. Ab welchem Alter ist die Hündin im Besitz des Züchters. Wo war sie vorher?
6. Handelt es sich um den ersten Wurf, hat die Hündin schon vorher einmal oder mehrmals geworfen, was weiß man darüber? Sind frühere Nachkommen bekannt, wie haben sie sich entwickelt?

7. Charakterisierung der Hündin (Charakter, Wesen, Konstitution, Verhältnis zu Hunden, zu Menschen).
8. Bisherige Schutzimpfungen, Krankheiten.
9. Ernährung der Hündin während der Tragzeit.
10. Umgang mit der Hündin vor und während der Tragzeit (Auslaufmöglichkeiten, Spaziergänge).
11. Beobachtungen bei bisherigen Läufigkeiten.

Deckrüde

1. Eingetragener Zwingername (oder siehe »Hündin 1.«).
2. Name des Rüden. Rufname.
3. Alter
4. Rasse (oder siehe »Hündin 1.«).
5. Angaben, ob der Rüde andere Hündinnen gedeckt hat, seine Nachkommen.
6. Charakterisierung des Rüden.

Bedeckung

1. Erste Beobachtung des »Färbens« (=Blutung). Datum.
2. Erstes Zusammenführen mit dem Rüden, Datum, Verhalten von Rüde und Hündin.
3. Einmaliger/mehrfacher Deckakt, Zeitdauer des Hängens.
4. Möglichkeit eines Deckens durch einen anderen Rüden.
5. Verhalten der Hündin nach vollzogenen Deckakten.

Damit haben wir die ganze Vorgeschichte festgehalten, jetzt wird es wichtig, so ungefähr ab des 58. Tragzeittages (gezählt ab der ersten Bedeckung) die Hündin genauer zu beobachten. Ich gehe davon aus, daß der Züchter in der Zwischenzeit die Trächtigkeit der Hündin vom Tierarzt bestätigt bekommen hat oder, erfahren genug, sie deutlich erkennt. Hier ist zu bedenken, daß die Eibefruchtung erst einige Tage nach der ersten Bedeckung stattfinden kann, weil die Eizellen noch nicht ausgereift waren; die Samenzellen können im Eileiter einige Tage warten. Daher kann sich der Geburtstermin leicht um einige Tage verzögern. Folgende Hinweise sollen daher helfen, durch Beobachtung der Hündin zu erkennen, wann ungefähr man mit der Geburt zu rechnen hat. Wir befassen uns also mit den Vorzeichen, wie sie in der letzten Woche vor der Geburt zu beobachten sind.

Vorzeichen des nahenden Geburtstermins

1. Raumerkundungen.

1.1 Freiland, etwa Garten, Zwinger; häufigeres Aufsuchen und Beschnuppern bestimmter Stellen und häufigere Inspektionen der Hütte.

1.2 Wohnräume, Beschäftigung mit Schlafplatz, Abschnuppern von Ecken oder durch Möbelstücke gebildeten Winkeln.

2. Grabetätigkeit.

2.1 Im Garten oder Zwinger: Ausgraben einer regelrechten Höhle (Maße nach Fertigstellung notieren) oder Herstellung einer flacheren Grube, Beseitigung von Pflanzenbewuchs. Beseitigung störenden Lagermaterials (Stroh, Decken) in der Hütte.

2.2 Wohnräume: Versuche, räumliche Veränderungen zu schaffen.

3. Anzeichen von Unruhe, abgelöst von längeren Ruhepausen.

4. Zunehmend häufigeres Aufsuchen abgeschirmter Winkel, des Wurflagers oder der Höhle.

5. Gesäuge.

5.1 Veränderung von Form und Größe der Zitzen.

5.2 Erstes Auftreten von Milch beim letzten Zitzenpaar, bei den anderen Zitzenpaaren. Kann zeitlich mit der Eröffnungsphase zusammentreffen oder erst bei Beginn der Austreibungsphase eintreten.

6. Einsinken der Lendenpartie, Herabsinken der Föten bzw. der Bauchlinie. Bauchwände durch Föten ausgebuckelt, bei langhaarigen Hunden durch sanftes Streicheln spürbar.

7. Veränderung der Vulva.

8. Schleimaustritt aus der Vulva: blutig oder unblutig?

9. Stuhlgang: Häufigkeit, Beschaffenheit.

10. Urinieren, Häufigkeit.

11. Welche anderen anomalen Verhaltensweisen treten noch auf?
12. Letzte Nahrungsaufnahme mit folgendem Futterverschmähen.

Anzeichen der Eröffnungsphase

1. Aufsuchen des gewählten oder vorgegebenen Wurflagers mit fester Lagerbindung.
2. Häufiges Belecken der Vulva, des Gesäuges.
3. Ruhebedürfnis.
4. Unterbrechen der Ruhezeiten durch Aufstehen, Umherdrehen, regelloses Umhertreten, Sitzen.
5. Unsicheres Umherblicken, abwesender Ausdruck der Augen.
6. Beschnuppern und Belecken des Lagerbodens.
7. Zittern.
8. Zurückwenden des Kopfes mit aufgerichteten Ohren.
9. Raschere Atmung, Hecheln.
10. Auffallende Schluckbewegungen.
11. Andrücken eines Ellenbogens beim Sitzen.
12. Krampfhaftes Scharren, keine Ansprechbarkeit.
13. Vorwehen.
14. Flüssigkeitsaustritt aus der Vulva.
15. Winseln, Hinwendung zum Züchter, Schutzbedürfnis.

Die Austreibungsphase

1. Erste Preßwehen mit Abstellen der gekrümmten Rute.
2. Fruchtwasseraustritt.
3. Welpenaustritt.
3.1 Fruchtblase geschlossen oder bereits aufgerissen.
3.2 Kopf voran oder Hinterfüße voran.
3.3 Zeitdauer vom ersten Erscheinen bis zum vollkommenen Austritt.
4. Nachgeburt tritt mit dem Welpen aus, tritt später aus, wird von der Hündin an der Nabelschnur herausgezogen. Nachgeburt kommt mit oder nach dem nächstfolgenden Welpen.
5. Hündin entfernt Eihäute, Züchter muß Eihäute entfernen.

6. Durchtrennen der Nabelschnur durch Hündin oder Züchter. Länge der verbliebenen Nabelschnur, Verletzung der Bauchhaut beim Abnabeln, Nabelbruch.
7. Verschlingen der Nachgeburt; Nachgeburt wird nicht verzehrt; muß vom Züchter am Ende der Austreibungsphase entfernt werden (nicht vorher!).
8. Reinigen des Untergrundes.
9. Reinigen der Vulva.
10. Belecken des Welpen.
11. Übriges Verhalten der Hündin zwischen den jeweiligen Austreibungen.
12. Verhalten der Hündin gegenüber dem Züchter bei dessen Welpenkontrolle.

Der Welpe

1. Erster Lebensschrei.
2. Aktivität während und nach der Austreibung (Biotonus).
3. Erstes Trinken an der Zitze; selbständiges Suchen nach der Zitze; Hündin schiebt ihn ans Gesäuge oder behindert das Suchverhalten des Welpen.
4. Erste Wägung des jeweiligen Welpen, Registrierung seiner Merkmale oder Kennzeichnung.
5. Anzahl der totgeborenen, von der Hündin verstoßenen (entfernten) oder später eingegangenen Welpen. Anzahl der vom Züchter selektierten Welpen, Gründe hierfür (Überzahl, Schwächlichkeit, körperliche Defekte).

Der Rüde

1. Seit wann leben Hündin und Rüde zusammen? Ihr bisheriges Zusammenspiel, gegenseitiges Verhältnis. Kurzfristige Trennungen.
2. Der Rüde war bereits bei einer Geburt anwesend, nicht anwesend.
3. Verhalten der Hündin gegenüber dem Rüden während der letzten Tage; während der Eröffnungsphase; während der Geburt; nach der Geburt.

4. Verhalten des Rüden in diesen Zeitabschnitten.
5. Verhalten des Rüden gegenüber den Welpen (etwa Vorzeigen eines zur Wägung aus dem Wurflager herausgenommenen Welpen).

Im vorstehenden Schema – das man für sich da oder dort noch erweitern oder unterteilen kann – findet man genügend Anhaltspunkte für die Erstellung eines lückenlosen Protokolls. Natürlich darf man nicht vergessen, jede Eintragung mit möglichst genauer Uhrzeit zu versehen, wobei man sich im Sommer an die Normalzeit halten sollte, da die innere Uhr der Tiere sich nicht auf die amtlich eingeführte Sommerzeit umstellen läßt. Das jeweilige Datum sollte man auch nicht vergessen. Notizen muß man sich auch über die jeweilige Dauer einzelner Vorgänge machen, über ihre Häufigkeit, ihre Intensität. Photographiert man, sollte man auch den Zeitpunkt jeder Aufnahme festhalten (am Tonband hört man meist das Klicken des Verschlusses recht deutlich, notfalls sagt man bei jedem Schuß laut und deutlich »Photo!« – damit hat man automatisch für jede Aufnahme die genaue Uhrzeit).
Wenn man die Möglichkeit hat, die Hündin in den letzten Wochen und Tagen häufiger zu wiegen, dann noch nach der Geburt aller Welpen (natürlich sollte man da einen halben Tag mindestens verstreichen lassen), hat man ebenfalls einen wertvollen Beitrag zur Vertiefung unseres Wissen geleistet. Die laufenden Temperaturmessungen sollte man ebenfalls vornehmen.
Das bedeutet alles sehr viel Arbeit und erfordert viel Zeit und Konzentration. Aber ein- oder zweimal im Jahr sollte man sich das leisten können; wirklich schwierig wird das nur für »den Züchter«, wenn er jede Woche eine Hundegeburt im Zwinger hat – aber wer hat das schon!

Stichwortverzeichnis

SEHR EMPFEHLENSWERT

Eberhard Trumler - DAS JAHR DES HUNDES
Das schönste Trumler-Buch, das es je gab! Minutiöse wissenschaftliche Beobachtung mit Kamera und täglichen Aufzeichnungen über das erste Lebensjahr. Fundierte Beweise über die wahre Natur des Hundes, meisterhaft und leicht verständlich in Wort und einmaligen Farbaufnahmen. Ein zeitloses Dokument der Verhaltensforschung, das jedem denkenden Hundebesitzer zahllose Anregungen vermittelt.
220 Seiten, Großformat, 168 Farbfotos, DM 62,80.

Eberhard Trumler
MENSCH UND HUND
Über 10.000 Jahre leben Mensch und Hund in enger Verbindung. Wie Mensch und Hund zusammenfanden, hierüber einmalige Forschungsergebnisse aus Haushund- und Wolfstierforschung! Das Wolfrudel als Vorbild für die menschliche Sozialordnung! Welpentests, Wesensanalyse am Spielverhalten, alternative Hundeerziehung. Warum schlägt ein Dachs Purzelbaum, klettert ein Hund über steile Leiter? „Erziehung ist alles - Dressur ist nichts."
Erstauflage 1988, 172 Seiten, 27 Farbfotos, DM 39,80.

Eberhard Trumler - DER SCHWIERIGE HUND
Aggressionen, Raufen, Angstbeißer, Gewitterfurcht, Schußscheu, Scheinträchtigkeit, Welpentötung, Kläffen, Stubenreinheit, Zerstörung der Wohnungseinrichtung, Weglaufen, Streunen, Kotfressen, Wasserscheu, Freßunlust, Freßgier, Leinenangst - was immer das Normalverhalten des Hundes verändert hat, der Verhaltensforscher Eberhard Trumler weiß Rat. Eines der wichtigsten und erfolgreichsten Bücher von Eberhard Trumler.
208 Seiten, 46 Meisterfotos Dr. H. Jesse, DM 34,-.

Myrna M. Milani - DIE UNSICHTBARE LEINE
Nur der Mensch kann lernen, wie ein Hund denkt - nie umgekehrt. Die Tierärztin Myrna M. Milani erklärt die faszinierende Welt der Sinne unserer Hunde. Das Wissen um die unterschiedlichen Sinneseindrücke wird zum Schlüssel für ein gutes Zusammenleben, erfolgreiche Erziehung des Hundes. „Ein warmherziges, kluges, wunderschönes Buch!". 254 Seiten, DM 39,80.

Eberhard Trumler
TRUMLER'S PFERDEFIBEL - ernst & heiter
Eines der charmantesten Pferdebücher von einem der besten Hunde- und Pferdekenner. Mehr als 250 Originalzeichnungen verdeutlichen den flüssig geschriebenen humorvollen Text. Ein außergewöhnliches Pferdebuch - ebenso empfehlenswert wie die Hundebücher des Autors.
208 Seiten, 250 Zeichnungen, DM 36,-.